INTELLIGENCE ARTIFICIELLE

DANS LA MÊME COLLECTION

Lise Barnéoud, *Les Vaccins, la science et nous. Ce qu'il faut savoir pour faire des choix éclairés*
Frédéric Denhez, *Le Sol. Enquête sur un bien en péril*
Sam Kean, *Quand les atomes racontent l'histoire du monde*
Hervé Le Treut, Jean-Marie Jancovici, *L'Effet de serre*
Gilles-Éric Séralini, *Tous Cobayes !*

INTELLIGENCE ARTIFICIELLE

Enquête sur ces technologies qui changent nos vies

Champs actuel

Ce volume reprend les textes et entretiens parus dans le hors-série *Voyage au cœur de l'IA*, coédité par *Libération* et France Inter, paru en décembre 2017.
Les noms des auteurs de chaque chapitre sont détaillés dans la table des contributeurs, p. 257.

ISBN : 978-2-0814-4525-3

Préface
HUMANITÉ

Aucun médicament ne va sans contre-indications ni effets secondaires, inaperçus lors de l'invention. Il en va de même de chaque innovation technologique, dont les heureux apports sont toujours accompagnés d'impacts négatifs imprévus. L'intelligence artificielle n'est pas seulement une « innovation », qui pourrait se réduire à la découverte d'une solution nouvelle à un problème ancien, mais plutôt – comme l'imprimerie, l'électricité, la télégraphie sans fil, les vaccins, l'avion, le séquençage complet de l'ADN du génome humain, l'ordinateur ou l'Internet – un changement de paradigme, une « révolution épistémologique » qui change le problème lui-même, creuse un nouveau « bassin » d'où sortiront une multitude d'autres innovations.

C'est la raison pour laquelle l'IA enthousiasme et inquiète. L'enthousiasme est plutôt indéfini, vague, car il est trop difficile d'imaginer dans quelles directions et en quels domaines les progrès induits par l'IA seront les plus importants. La crainte, au contraire, est nette. D'abord parce que l'expérience historique, comme le disait le philosophe italien Antonio Gramsci, enseigne d'une part que la science résout tous les problèmes qu'elle peut résoudre, et la technique qui la suit réalise ce qu'elle peut réaliser, sans se demander – ce n'est pas leur rôle – s'il faut fixer des limites ; et, d'autre part, que ni l'éthique, ni la religion, ni la philosophie (peut-être le droit ?) ne sont assez puissantes pour infléchir le progrès techno-scientifique et lui indiquer les voies du « bien ».

Ensuite parce qu'on redoute, somme toute, que la machine arrive à penser comme les humains, à penser mieux et plus vite, de telle sorte que l'homme, de maître et possesseur de la nature, se trouverait en position d'esclave et jouet de l'artifice – de machines qui ne seraient pas le fruit de son art mais auraient la capacité de se « reproduire » elles-mêmes. Enfin, parce que l'intelligence n'est pas une faculté comme les autres, permettant de mettre en liaison, de synthétiser, de « trouver des solutions », mais est proche de l'intellect, de la raison, c'est-à-dire de ce par quoi l'homme aime à se définir.

Ces craintes sont-elles justifiées ? Elles seront vite apaisées si le projet de l'IA s'oriente vers des programmes qui, quand bien même ils passeraient par la construction de machines « synaptiques » aussi puissantes qu'on veut ou la création de « cerveaux artificiels » doués de la même plasticité et des mêmes capacités d'adaptation que le cerveau humain, auraient malgré tout pour but de faciliter la vie des hommes et de faire qu'elle soit moins exposée à ce qui la détruit ou l'abîme – par exemple la maladie. Nul ne croit plus que notre cerveau soit un ordinateur, mais il est certain que les ordinateurs du futur proche seront des cerveaux, aussi souples et adaptatifs que l'architecture neuronale.

Pourtant, cette neurobiologisation de la machine n'aura jamais « figure humaine ». Toutes les craintes se dissipent en effet si on change la définition même de la « caractéristique » de l'homme. Pourquoi pourrait-il y avoir compétition entre intelligence artificielle et intelligence naturelle ? Il y en aurait une si, comme on le fait toujours, on conçoit le sujet humain uniquement en tant qu'être « puissant », ou désir-de-puissance, tendu vers l'action rationnelle, la décision, le pouvoir, la maîtrise, la capacité de « trancher » – qui serait heureux qu'on augmentât ses capacités physiques et cognitives, dans une optique qu'on nomme « transhumaniste ». Dans ces cas, il y aurait bien des raisons de craindre ou d'espérer – peu importe ici – que l'intelligence artificielle soit vraiment plus forte et gagne la course contre l'intelligence naturelle.

Mais qu'est-ce qui fait vraiment l'humanité de l'homme ? Vouloir plus, savoir plus, tout comprendre, maîtriser davantage de choses, décider plus vite ? Non. Ce qui fait l'humanité de l'homme, c'est sa faiblesse même, sa vulnérabilité, le fait qu'il est certes un être rationnel, mais à qui la passion fait perdre le nord, à qui la peur ôte toute assurance et la colère toute clairvoyance, un être tordu, torturé, qui au lieu de décider se rétracte, qui, voulant ceci, choisit à la dernière seconde cela, qui hésite, qui tremble, qui tourne en rond, qui sait ce qu'il faut faire et ne le fait pas, qui sait ce qu'il faut dire et se tait, qui sait ce qui est mal et le commet pourtant, un être dont la supposée volonté de puissance retombe comme un soufflet sous les coups indolores de la timidité, de la retenue, de l'embarras, de la maladresse, de la pusillanimité…

Si l'homme a cette « intelligence-là » – à laquelle les Grecs ajoutaient la ruse, *mètis* –, alors, il n'a aucune raison de craindre que les machines rendues artificiellement superintelligentes le dépassent ou prennent sa place. Sauf si, dans un futur proche ou lointain, elles se mettaient elles aussi à douter, rêvasser, tergiverser, hésiter, trembler…

I

Qu'est-ce que l'IA ?

1

Au cœur de la recherche : état des lieux

Les experts en futurologie du numérique l'affirment : l'intelligence artificielle va tout chambouler. Si on les laisse faire, ils sont même capables de parler de « disruption »… L'IA sait reconnaître un chat dans une image, elle va accorder des prêts immobiliers ; elle écrase ses adversaires au go, elle va conduire toutes les voitures ; elle peut traduire du polonais en mandarin, elle va automatiser tant de tâches que les métiers d'aujourd'hui n'existeront plus demain. L'intelligence artificielle est magique. Pas dans les faits, bien sûr, mais dans ce rapport étrange que nous avons avec cette technologie dont nous acceptons les prouesses sans en comprendre les mécanismes. Mais qu'est-elle au juste ? Le chercheur Yann LeCun – à qui on doit en grande partie le bouleversement actuel dans la discipline par ses travaux, dans les années 1990, sur l'apprentissage profond, et aujourd'hui responsable de FAIR, le laboratoire de recherche fondamentale chez Facebook – définit l'IA d'une manière on ne peut plus simple : « Faire faire aux machines des activités qu'on attribue généralement aux animaux et aux humains. » Mais cette simplicité ne saurait contrebalancer l'étendue des attentes démesurées qui accompagnent l'IA depuis que ce terme a été consacré en tant que domaine de recherche, en 1956. « C'est un terme anthropomorphique et on y projette des choses qui n'ont aucun sens, s'agace Raphaël Féraud, chercheur au sein d'Orange Labs. Dans l'idéal, on devrait parler d'agents autonomes ou adaptatifs. »

Cette « intelligence » est pourtant omniprésente dans les pensées de ceux qui travaillent sur la question. S'ils savent tous que ce n'est aujourd'hui qu'un mirage et parlent plutôt d'apprentissage pour qualifier leurs travaux, l'intelligence, celle qui permet de comprendre le monde qui nous entoure, de s'adapter aux changements, d'anticiper et de prévoir, est l'objectif à atteindre. Au détour d'une phrase, lors d'une visite dans les locaux de Facebook, Antoine Bordes, responsable de FAIR Paris, évoque, lui, « le grand plan de l'IA ». Quand on lui demande d'expliciter, il s'amuse : « Ce "grand plan", c'est simplement essayer d'aller vers l'intelligence artificielle, vers des machines qui raisonnent. Mais on suppose aujourd'hui qu'elle sera composée de nombreuses briques, et nous avons pour l'instant seulement quelques éléments dont nous pensons qu'ils pourraient fonctionner. »

D'autres sont plus directs, comme Google DeepMind et son slogan officiel : « Résoudre l'intelligence. » C'est sans doute ce qui rend le sujet si complexe. Un même terme, « intelligence artificielle », désigne à la fois une discipline qui connaît des progrès fulgurants, un objectif qui, sans être irréaliste, semble encore lointain, et une chimère, qui prospère dans un inconscient collectif nourri à la science-fiction.

Point de départ : la reconnaissance d'images

L'intelligence artificielle est avant tout un secteur en effervescence permanente depuis 2012 et l'impressionnante victoire d'un réseau de neurones lors du concours annuel de reconnaissance d'images ImageNet Challenge. Jusqu'alors, différentes méthodes s'affrontaient chaque année avec, pour les meilleurs, un taux d'erreurs de 25 %. En 2012, le programme de l'université de Toronto s'en sort avec seulement 16 %. Cette performance remet sur le devant de la scène une technique d'apprentissage profond (*deep learning*) qui avait commencé à faire ses preuves dans les années 1990 avant d'être un peu oubliée. La puissance de calcul des cartes graphiques (GPU) couplée à la mise à disposition de grandes bases de données étiquetées (une image d'un chat sur une voiture en train de jouer du piano est accompagnée des labels « chat », « voiture » et « piano », par exemple) permet à ces programmes d'enfin faire leur preuve à grande échelle. Très vite, la communauté scientifique comprend l'immense potentiel de ce qui vient de se passer : en étant entraîné sur une base de données pertinente, un programme informatique est capable d'établir lui-même des règles qui vont permettre d'interpréter d'autres données qui étaient jusqu'ici très (ou trop) complexes à traiter.

Dès l'année suivante, il n'y a plus que des réseaux de neurones en lice pour le concours ImageNet challenge et les taux d'erreurs chutent à quelques pour cent. L'apprentissage devient incontournable. « À cette période, j'ai vu des tas d'équipes qui n'en faisaient pas se mettre à l'apprentissage », se souvient Bertrand Braunschweig, directeur du centre de recherche Inria Saclay-Île-de-France et coordinateur du livre blanc de l'Institut sur l'IA. Mais, évidemment, c'est le secteur même de la recherche qui se trouve bouleversé. En premier lieu par l'arrivée tonitruante des grands acteurs de l'économie numérique qui voient dans l'intelligence artificielle l'avenir même de leur noyau technologique. En 2013, Google recrute ainsi Geoffrey Hinton pour son projet Brain, et Facebook demande à Yann LeCun de mettre en place le laboratoire FAIR. Ce sont deux des scientifiques les plus reconnus dans le domaine et leurs découvertes sont à l'origine du maelström actuel.

Recherche fondamentale

Quand on veut essayer de comprendre où va l'intelligence artificielle six ans plus tard, le premier réflexe est donc de regarder vers l'étape d'après, celle de la recherche fondamentale. Le premier constat, c'est que le partage des connaissances est une réalité au niveau mondial, que les chercheurs travaillent dans le privé ou le secteur public. C'était une exigence de Yann LeCun quand il a rejoint Facebook : « La seule manière de faire de la recherche de qualité, c'est de faire de la recherche ouverte. C'est quelque chose que j'ai établi de manière très claire avec Mark Zuckerberg. Premièrement, ça permet aux chercheurs de publier, et donc les standards sont de plus haut niveau, deuxièmement, c'est la seule manière d'attirer les meilleurs. La monnaie d'échange avec les chercheurs, c'est leur impact intellectuel. » Cet impact se joue principalement lors des grandes conférences annuelles sur le sujet, les deux principales étant ICML (International Conference on Machine Learning) en début d'été et NIPS (Neural Information Processing Systems) en fin d'année. Mais y publier relève aujourd'hui de l'exploit, le secteur étant devenu hypercompétitif.

Ce qui impose parfois de raccourcir les cycles de recherche. « Nous publions tout ce que nous produisons, mais nous essayons de nous concentrer sur des projets entre trois et six mois, histoire de ne pas se faire griller par d'autres équipes », explique Antoine Bordes. Ce qui ne manque pas d'arriver, de toute façon. À l'Inria, pourtant, on continue de préférer le temps long : « Dans notre plan stratégique et scientifique, on détermine les grands domaines d'évolution du numérique et les grands défis auxquels on veut s'attaquer pour les cinq prochaines années, explique Bertrand Braunschweig. Ce qu'on a dans nos tiroirs, c'est ce qui sera utilisé par les industriels dans plusieurs années. Le temps de la recherche est différent de celui de l'économie, du marché. » Ce qui n'empêche pas l'Institut de rester très compétitif sur le sujet. « Ce que font les acteurs privés, c'est qu'ils viennent travailler avec nous, continue Bertrand Braunschweig. Ils font des choses par eux-mêmes, évidemment, mais on travaille avec eux. On a encore des choses à dire, on a des chercheurs parmi les meilleurs du monde. » C'est d'ailleurs un chercheur de l'Inria, Francis Bach, qui préside le comité d'organisation de l'édition 2018 de la conférence ICML.

De multiples directions

Mais dans les faits, où en est la recherche fondamentale qui va permettre aux machines de raisonner ? Pour ainsi dire, nulle part. Les chercheurs en sont encore à débroussailler en espérant trouver les traces d'un sentier qui mènera peut-être vers le Graal. Et personne n'est d'accord sur la direction où chercher. Demis Hassabis, le boss de Google DeepMind, par exemple, ne semble jurer, pour « résoudre l'intelligence », que sur l'apprentissage par renforcement. Cette méthode, plus souple que l'apprentissage supervisé, est au cœur d'AlphaGo, le programme qui a défait plusieurs champions de go lors de rencontres très médiatisées. Mais c'est aussi une méthode coûteuse en ressources et qui est pour l'instant limitée à un certain type d'apprentissage.

Yann LeCun et d'autres chercheurs renommés, comme Jean Ponce de l'École normale supérieure de

Paris, s'intéressent à l'apprentissage faiblement ou non supervisé. Il s'agit de permettre aux machines d'apprendre avant tout par l'observation, sans leur fournir au préalable des données prémâchées. Ça n'a rien d'évident et les véritables progrès dans le domaine sont rares. De son côté, Geoffrey Hinton en est à faire du passé table rase : « Je pense que la façon dont nous concevons la vision par ordinateur est fausse, explique-t-il au magazine *Wired*. Ça marche mieux que toutes les autres solutions actuelles, mais ça ne veut pas dire que c'est juste. » En cause, la somme astronomique de données nécessaires pour un apprentissage qui est beaucoup plus rapide chez l'humain. Il travaille sur une méthode alternative, les « réseaux à capsules ». Il a publié, fin octobre 2017, deux articles qui présentent des résultats prometteurs. Ce ne sont que quelques exemples parmi toutes les pistes explorées qui vont jusqu'au biomimétisme et à la cartographie précise de petits bouts de cerveaux humains pour espérer décortiquer cet « algorithme biologique » qui fonctionne si bien.

Si la recherche fondamentale avance à son rythme, il n'en va pas de même pour la recherche appliquée. Celle-ci se charge d'optimiser, de rendre concrètes et de diffuser les possibilités de l'apprentissage profond dans tous les domaines imaginables. C'est ce qui a permis la popularisation finalement assez discrète de l'intelligence artificielle, notamment dans les téléphones portables. Le fait, par exemple, de bénéficier aujourd'hui de moteurs de recherche capables de faire remonter les images contenant des bateaux, des anniversaires ou des sapins de Noël est une performance technologique. Cette différence singulière entre une recherche fondamentale, théorique et prospective, et une autre qui cherche à faire évoluer les applications du quotidien se retrouve dans l'organisation même de la recherche au sein des grands groupes. « C'est une histoire de longueur de piste de décollage, décrit Emmanuel Mogenet, responsable du centre de recherche européen de Google à Zurich. La longueur qu'on a donnée à DeepMind est très, très importante, de l'ordre de dix ou quinze ans. DeepMind veut produire une vraie intelligence artificielle. Et Demis Hassabis le répète souvent : tout ce qui ne les propulse pas vers ce but est une distraction. Ici, on a une piste plus courte, deux ou trois ans, avec des objectifs plus tangibles. Ça a par exemple été le cas pour le moteur de recherche de Google Photos ou la traduction. »

Alors, forcément, on se pose la question des deux ou trois ans à venir, avec, en tête, l'impression que beaucoup a déjà été fait à partir de la théorie existante et que les évolutions technologiques risquent forcément de ralentir. Emmanuel Mogenet est persuadé du contraire et nous parle, par exemple, de l'apprentissage horizontal, le fait d'entraîner un réseau de neurones à différentes tâches assez proches alors qu'ils sont pour l'instant ultraspécialisés. Et puis, il y a d'autres pistes, plus vertigineuses : « On est en train d'appliquer le *machine learning* à lui-même. On a toujours un problème de conception d'un réseau de neurones. Est-ce qu'il doit être profond ? Quelle doit être sa taille ?

Combien de neurones ? Quelles sont les connexions ? Il y a des recettes qu'on applique, mais il n'y a pas de sciences sur le sujet. On est en train d'entraîner des machines pour apprendre à concevoir des réseaux de neurones. On commence à avoir des résultats, et ça va potentiellement être extraordinaire. » Des IA qui créent d'autres IA, voilà qui ne manquera pas, aussi, d'alimenter quelques fantasmes…

À la recherche du « biais »

Mais la recherche appliquée est aussi présente de manière transversale dans tous les secteurs qui disposent de données nombreuses et compliquées à interpréter pour les humains. Chez Orange Labs, par exemple, on veut l'appliquer aux campagnes marketing. C'est le projet sur lequel travaille Raphaël Féraud : « Il s'agit d'optimisation par renforcement. En fonction du contexte, de ce qu'on sait du client, et de l'action du conseiller, on va établir un système de récompense en fonction de la satisfaction finale. » Opérateurs télécoms, banques, assurances, services en tout genre et pourquoi pas service public, autant dire que l'intégration de l'intelligence artificielle dans tous les rouages de la société ne fait que commencer. D'où, sans doute, l'offensive médiatique impressionnante de ces derniers mois d'acteurs comme Google, Facebook ou Microsoft qui n'hésitent pas à surjouer la transparence de leurs unités de recherche. Il faut rassurer, expliquer. Mais surtout ne pas chercher à minimiser des problèmes bien réels.

Quand on l'interroge sur le sujet, Blaise Agüera y Arcas, une des têtes pensantes de Google Brain, parle d'abord de l'emploi : « Les tâches pour lesquelles on construit des IA sont pour la plupart confiées aujourd'hui à des humains, et au fur et à mesure qu'on automatise ces tâches, tout un pan du travail humain devient superflu. Ça devrait être une bonne nouvelle pour l'humanité – nous ne le ferions pas sinon –, mais si ce n'est pas mis en place avec une redistribution des bénéfices, ça conduira à un chômage de masse. » Mais il tient aussi à aborder le sujet qui a pris une ampleur inattendue en 2017 : « L'autre problème, c'est le fait d'intégrer les biais et les préjugés humains dans l'intelligence artificielle. L'IA, c'est avant tout l'apprentissage des processus humains, et ces processus embarquent avec eux des catégorisations, des stéréotypes. Nous avons aujourd'hui les preuves que tous les systèmes que nous avons entraînés pour exécuter une tâche humaine intègrent des biais humains. Finalement, c'est l'outil ultime d'introspection, pour faire ressortir nos propres croyances. Mais maintenant que nous le savons, nous ne pouvons pas déléguer nos préjugés aux algorithmes. » Le petit monde de l'intelligence artificielle n'a eu que ce mot-là à la bouche ces derniers mois : les « biais ». C'est que, passé l'euphorie de l'avènement d'une technologie révolutionnaire, il a fallu se rendre à l'évidence : les masses de données utilisées pour entraîner des réseaux de neurones ne sont pas neutres. Et c'est le cœur même du développement qui s'en retrouve bouleversé. La validité d'un outil informatique ne vient plus de la qualité de la programmation logicielle, mais de la justesse des données d'apprentissage. Ce qui amène Fernanda Viégas, chercheuse chez Google au sein de la cellule PAIR (People+AI Research Initiative) à lancer cet appel aux ingénieurs de son entreprise : « Débuggez vos données avant de débugger vos modèles ! »

L'équité et la transparence des systèmes autonomes sont donc un des enjeux majeurs des prochaines années. Il faut réussir à traiter les biais, soit en amont, dans les données utilisées, soit dans le processus de traitement qui peut devenir capable de les détecter et de les neutraliser. « Une des situations où l'on veut forcément enlever les biais d'un jeu de données, c'est par exemple dans l'éducation, explique Fernanda Viégas. Quand mes enfants vont apprendre tous les métiers qu'ils peuvent faire, ce serait catastrophique que le système réponde en fonction de leur sexe. A contrario, on peut vouloir un système qui va révéler les biais, pour pouvoir travailler dessus, pour changer la société. Pour traiter les biais, il faut avoir un but. »

S'il est difficile de se préparer aux progrès à venir de l'intelligence artificielle, on sait déjà que la question de son impact sur la société sera au centre des préoccupations pour les prochaines années. Les lieux de réflexion se multiplient, avec des initiatives comme « Partnership on AI » qui regroupe acteurs privés (Facebook, Google, Amazon, IBM, etc.), ONG (Amnesty International, Unicef, etc.), associations de défense des libertés (EFF, ACLU, etc.) et universités.

La déclaration d'intention est forcément un poil grandiloquente : « Nous avons conçu ce partenariat pour que nous puissions consacrer plus d'efforts et d'attention à résoudre les problèmes les plus complexes de l'humanité, notamment en matière de santé et de bien-être, de transport, d'éducation et de sciences… »

Sans douter qu'ils réussiront à travailler en bonne intelligence, on peut quand même s'interroger : vouloir résoudre « les problèmes de l'humanité » grâce à la technologie, n'est-ce pas, là aussi, un biais ?

2

Dans la tête d'un réseau de neurones

Lecteurs, jetez un œil à la page suivante, puis essayez de répondre à cette question : y a-t-il un opossum sur cette image ? Pour y parvenir, on pourrait ouvrir un dictionnaire : avouons qu'on ne sait plus très bien à quoi ressemble un opossum ; ou taper « Opossum » dans Google et cliquer sur l'onglet « Images », pour avoir des exemples. Et, une fois qu'on s'est fait une idée précise de la bête, scruter l'image façon « Où est Charlie ? » pour la trouver. Ou alors, on pourrait entraîner une intelligence artificielle pour faire le travail à notre place.

Pour entraîner une IA, on ne lui demande pas de faire six tours de pistes et cinq séries de pompes. On lui montre plein d'images d'opossums et plein d'images sans opossum pour qu'elle apprenne à se débrouiller toute seule avec les marsupiaux. C'est ce qu'on appelle « l'apprentissage machine ». Lorsqu'on parle d'intelligence artificielle aujourd'hui, c'est presque toujours d'apprentissage machine grâce aux réseaux de neurones qu'il s'agit. Comment ça marche ?

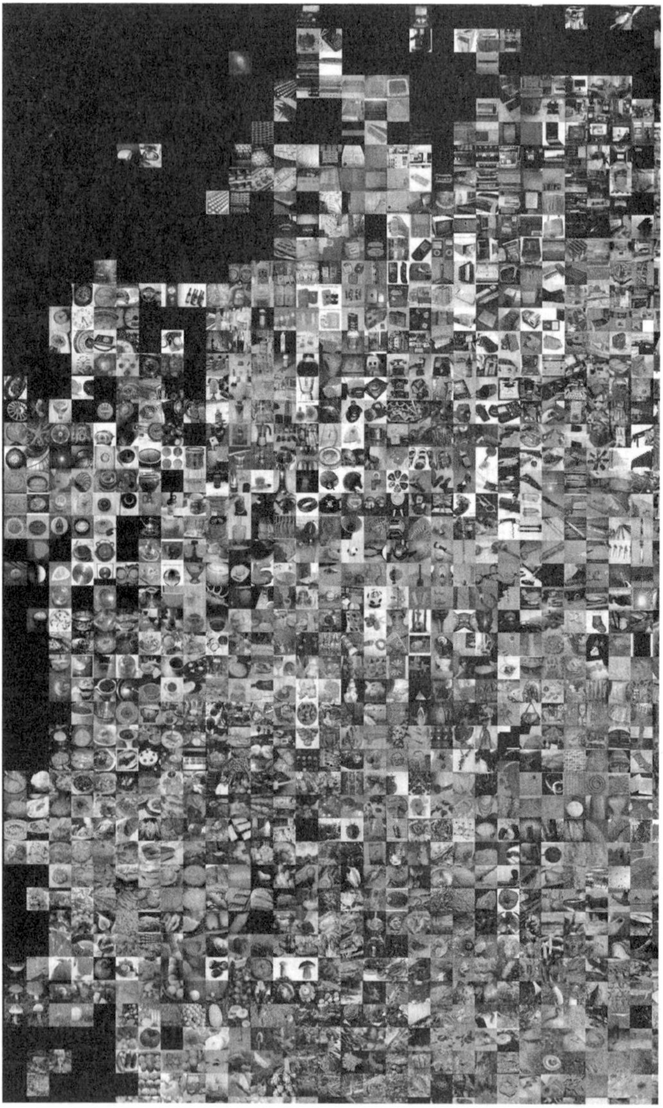

Pas simple. Attardons-nous donc sur la technologie en vogue en ce moment, celle-là même qui est responsable de tout cet engouement autour de l'intelligence artificielle : l'apprentissage supervisé. Dans sa forme la plus commune, il utilise un réseau de neurones convolutif.

Base de données

Pour bien comprendre, commençons par le principe même d'un réseau de neurones. Il faut l'imaginer comme une série de variateurs de lumière reliés entre eux. Chacun récupère des données en entrée et, en fonction du réglage du variateur, fournit une valeur en sortie. Cette opération se répète des milliers, voire des millions, de fois à l'intérieur du réseau, chaque neurone pouvant envoyer son résultat à plusieurs autres. C'est d'ailleurs pour ça qu'on parle d'apprentissage profond (*deep learning*) : le réseau est constitué de plusieurs couches de neurones qui communiquent entre eux avant de rendre un résultat final. À la fin du traitement, les données des neurones de sortie sont récupérées et compilées pour obtenir une valeur statistique : par exemple, il est à 83 % certain que cette image contient un opossum. Magique, non ? Pas vraiment, en fait. Pour que ce réseau soit efficace, il faut qu'il ait bossé un peu son sujet, c'est-à-dire qu'il ait été supervisé à partir d'une base de données d'images. On a donc besoin de plusieurs milliers d'images avec des opossums déjà identifiés.

Au premier cycle de supervision, le réseau est vierge de tout apprentissage. Pour la première image d'opossum, il va donc rendre un résultat aléatoire, mettons 13 %. Le programme de supervision lui dira alors que non, mon brave monsieur, il y a bien un opossum dans cette image. C'est là que les variateurs de lumière entrent en jeu. Le programme remonte le cours du réseau et fait varier l'intensité des neurones pour que le résultat de sortie se rapproche du résultat attendu. Il faudra répéter l'opération un grand nombre de fois, avec des images d'opossums et d'autres sans, pour que le réseau, petit à petit, commence à obtenir des résultats satisfaisants.

Des millions de pixels

Une grande partie de la subtilité de l'apprentissage machine se situe à ce moment-là, quand le réseau est déjà partiellement entraîné. Une nouvelle image arrive, il y a un opossum que le programme ne repère pas : comment faire varier un neurone en particulier pour améliorer le résultat final, sans pour autant remettre en cause tous les apprentissages précédents ? Les programmes actuels y arrivent assez bien : on appelle cela la « rétropropagation du gradient de l'erreur commise » et il s'agit d'un problème mathématique qui n'a rien d'évident – et que nous n'expliquerons pas ici dans le détail.

Il subsiste un léger problème : la quantité de données. Une photo est composée de plusieurs millions de pixels, chacun pouvant être considéré comme une donnée d'entrée pour le réseau. Ce qui constitue un volume bien trop important pour être traité de façon brute. C'est là qu'intervient l'aspect « convolutif » du réseau. Il s'agit de concevoir en partie le réseau de neurones spécifiquement pour traiter les images. C'est une technique directement inspirée de découvertes de la fin des années 1960 sur les cellules du cortex visuel chez les animaux. Des chercheurs ont ainsi trouvé que le système nerveux est composé de cellules simples réagissant à des éléments basiques, comme des contours ou des angles, et de cellules complexes chargées d'interpréter les signaux provenant de plusieurs cellules simples.

Le réseau convolutif découpe donc l'image en plus petites parties et applique sur elles une série de filtres. L'opération a pour effet de diminuer le volume d'informations tout en essayant de conserver leur pertinence, notamment en isolant des formes. La constitution de ces filtres passe aussi par le cycle d'apprentissage, c'est-à-dire qu'au fur et à mesure, le réseau convolutif va créer des filtres optimisés pour les formes caractéristiques du sujet à reconnaître. Pour une voiture, ce sera logiquement les cercles des roues, la forme des phares ou du pare-brise. Pour un opossum, il isolera les oreilles rondes et noires, les griffes roses ou le museau pointu. Les opérations de filtrage peuvent ainsi se répéter pour diminuer le volume d'informations à traiter et celles-ci sont transmises à des neurones simples (les variateurs de lumière) pour compléter le processus d'apprentissage.

Ce qui est fascinant, c'est que, finalement, le réseau apprend à distinguer un opossum à partir de bouts d'images traitées qu'un être humain ne pourrait sans doute pas comprendre. Mais après un apprentissage réussi, le programme obtiendra des résultats proches, voire meilleurs, que ceux d'un humain.

Apprentissage et boîte noire

Cette technologie peut d'ailleurs aussi être utilisée pour traiter autre chose que des images, par exemple du son. Il suffit en effet de pouvoir représenter les informations sur une surface en deux dimensions (une image en quelque sorte) et de satisfaire à la contrainte principale des réseaux convolutifs : deux données proches ont de grandes chances d'avoir un rapport entre elles (comme deux pixels collés dans une image font généralement partie du même objet). Pour apprendre à reconnaître le cri d'un opossum, on peut représenter la variation des fréquences du son dans le temps et appliquer un réseau de neurones convolutif qui va découper et appliquer des filtres. De façon moins intuitive, des applications existent déjà pour utiliser les réseaux convolutifs afin d'analyser du texte, notamment à des fins de traduction.

Ça y est, on y est arrivé : au boulot l'IA ! Alors, il y a un opossum dans cette image ? Comment ça, « non » ? C'est un poil décevant, tout cet entraînement pour une réponse négative. Mais si on veut vraiment une image d'opossum, on n'a peut-être pas bossé pour rien. Si notre IA reconnaît si bien le marsupial, elle pourrait peut-être en reproduire un, non ? Même si on peut trouver cette demande saugrenue (généralement, un programme informatique fait ce qu'on lui dit de faire et pas plus), c'est tout à fait possible. En parcourant le réseau de neurones dans l'autre sens, on peut demander au réseau de créer ses propres images d'opossums. Et là, même si on sait qu'il ne s'agit que de l'utilisation d'un processus logique inscrit au cœur d'un logiciel, on ne peut s'empêcher de trouver ça, malgré tout, un peu magique.

Cette impression de faire face à quelque chose qui nous dépasse ne vient d'ailleurs pas de nulle part. Lorsqu'il a fini son apprentissage, cet assemblage de millions de variateurs de lumières reliés entre eux est presque opaque. C'est-à-dire qu'il est très compliqué, voire impossible, de connaître le rôle exact de tel neurone artificiel par rapport à tel autre. Finalement, on lui fait confiance, parce qu'on sait que ça marche, mais il est loin d'être évident de comprendre le raisonnement qui a abouti à sa décision. C'est ce qu'on appelle communément la « boîte noire » de l'IA.

Quand les équipes de recherche qui y travaillent auront réussi à créer leur propre IRM pour analyser ces cortex artificiels, on essaiera de comprendre comment tout cela fonctionne. En attendant, on se contentera d'un opossum artificiel. C'est mieux que rien.

Parole aux experts

Yann LeCun

« Le grand défi de la recherche, c'est de se poser les bonnes questions »

Depuis 2013, Yann LeCun est à la tête de FAIR, le pôle de recherche fondamentale sur l'intelligence artificielle de Facebook. Un recrutement qui ne doit rien au hasard, le Français étant considéré comme le père des technologies de deep learning *qui ont révolutionné la discipline depuis le début de la décennie. C'est au sein des prestigieux laboratoires Bells, au début des années 1990, qu'il met au point le premier système commercial d'apprentissage basé sur les réseaux de neurones convolutifs. Il permettait de lire les chèques bancaires et fut déployé un peu partout, même en France par le Crédit mutuel de Bretagne.*
Malgré des résultats convaincants à l'époque, il a fallu attendre 2012, et la domination sans appel d'un réseau convolutif au concours de reconnaissance d'images ImageNet Challenge, pour que le monde entier se rende vraiment compte de l'importance de ces découvertes. Nous avons rencontré le chercheur dans les locaux de Facebook France pour connaître son point de vue sur la révolution en cours dans le secteur.

Pour le commun des mortels, l'IA a encore quelque chose de très mystérieux. Soit c'est compliqué à expliquer, soit c'est compliqué à comprendre, mais on reste face à des notions qui semblent inaccessibles...

C'est compliqué à expliquer, c'est vrai, mais pas vraiment pour les gens qui sont versés dans le domaine. On entend souvent qu'on ne peut pas savoir comment fonctionne un réseau de neurones profond une fois qu'il est entraîné. En fait, on peut le savoir. On peut décortiquer très précisément toutes les opérations. Par contre, le résultat auquel il arrive n'est pas quelque chose qu'on pourrait concevoir à la main. La raison pour laquelle ces systèmes sont si impressionnants, c'est qu'ils font des choses que des ingénieurs et des chercheurs ont cherché à faire durant des décennies sans y arriver. D'une certaine manière, ces algorithmes sont meilleurs que les ingénieurs humains lorsqu'il s'agit de concevoir des systèmes de perception. C'est un petit peu humiliant pour des gens qui ont passé leur carrière à essayer de faire ça... [*rires*]

Du coup, si on arrive à implémenter un jour le sens commun, les systèmes de raisonnement et l'apprentissage prédictif, ça risque d'être humiliant pour pas mal de monde, non ?

Non, c'est la même chose que lorsqu'on a découvert que la Terre n'était pas le centre de l'Univers ou que l'homme est un proche cousin du singe. Ce n'était pas particulièrement humiliant. Il a fallu se faire une raison. Accepter la réalité, c'est l'essence même de la méthode scientifique.

Depuis cinq ans, il y a une redéfinition de l'intelligence artificielle autour de l'apprentissage. Les premières découvertes datent de 1957, l'application de vos recherches, c'est 1995. Quand vous regardez dans le rétroviseur aujourd'hui, quel est votre sentiment face à ce développement légèrement chaotique ?

C'est explosif, oui, j'ai même un peu de mal à suivre ! Dans les années 1990, j'aurais imaginé un progrès plus continu. Et je croyais que certaines révolutions auxquelles on a assisté ces dernières années pouvaient arriver avant. Quatre, cinq ans plus tôt, au moins. Ce qui est étonnant, c'est le manque d'intérêt de la communauté de la recherche entre 1995 et 2005, une décennie plutôt noire.

Est-ce que vous avez toujours été persuadé de la justesse de la théorie ?

Absolument. Totalement. À 100 %. Dès que ça a commencé à marcher, c'est devenu une évidence. Mais bon, même si ça n'allait pas aussi vite que je l'aurais espéré, il ne fallait pas le prendre à un niveau personnel. J'ai travaillé un temps sur d'autres sujets, notamment entre 1996 et 2001, sur un projet de compression d'images pour le transfert de documents écrits vers le Web, qui a donné le format DjVu. Mais je savais que je reviendrais aux réseaux de neurones.

Quand vous avez travaillé sur votre théorie, est-ce que vous vous êtes vraiment inspiré du système nerveux de la vision animale ?

Il y a plusieurs éléments qui pointent vers cette idée de réseaux convolutifs. Il y a bien sûr l'inspiration biologique. On regarde l'architecture du cortex visuel avec ces neurones qui détectent les motifs et qui sont répétés partout dans le champ visuel. Des modèles informatiques avaient déjà été construits au début des années 1980, notamment par Kunihiko Fukushima avec le néocognitron, et ça m'a pas mal inspiré. Surtout, dans le même temps, il y avait beaucoup d'autres travaux, plus classiques, en traitement de l'image, dans lesquels les techniques de débruitage, de restauration de l'image, de filtrage, utilisaient aussi la convolution. C'est un procédé mathématique très standard, qu'on peut retrouver dans les logiciels de traitement d'images comme Photoshop. Ce n'est pas seulement une inspiration biologique, l'architecture est profondément dépendante de la nature même d'un signal visuel. La biologie elle-même, l'architecture du cortex visuel, est le résultat de l'évolution et de l'adaptation au traitement des images. Ça a finalement trait à la nature même des images.

C'est-à-dire que ce sont les images elles-mêmes qui ont abouti à la formation du cerveau et à cet apprentissage de la vision par ordinateur…

Exactement. Ça se base sur l'idée que le monde visuel est « compositionnel », c'est-à-dire qu'un objet est composé de parties, qui sont composées de sous-parties. Les sous-parties de motifs visuels et les motifs eux-mêmes sont des collections de contours ou de textures, et à la fin, il y a des pixels. Ça conduit à imaginer des structures qui sont aussi hiérarchiques, dans lesquelles chaque couche détecte des combinaisons de motifs présents sur la couche précédente. Cette idée de hiérarchie multicouche et de profondeur est donc très naturelle, et on la retrouve dans le cerveau.

Quel a été votre sentiment au moment où l'expérience qui correspondait à votre théorie a fonctionné pour la première fois ?

C'est le sentiment agréable par excellence de l'inventeur ou du scientifique : quand quelque chose commence à marcher et que ça marche mieux qu'on ne l'espérait. Il existait déjà des indices progressifs sur le fait que ça pouvait marcher quand je travaillais à l'université de Toronto, après mon doctorat. J'avais commencé à faire des expériences avec de petits réseaux convolutifs et de toutes petites bases de données – des chiffres écrits à la main avec une souris, c'était horrible. Ce

n'était pas vraiment convaincant au niveau réalisme, mais il y avait déjà des éléments qui laissaient penser que cette méthode-là pouvait marcher.
Dès que je suis arrivé à Bell Labs à la fin de 1988, le logiciel était déjà prêt. J'avais des ordinateurs plus puissants, une base de données avec quelques milliers d'exemples de vrais chiffres manuscrits. J'ai immédiatement implémenté ça et, au bout de deux mois, j'explosais littéralement tous les résultats obtenus sur cette base de données. À ce moment-là, on a eu un moment de bonheur pur de scientifique.

Aujourd'hui, on a l'impression que tout va très vite dans le domaine de l'intelligence artificielle, mais même si les moyens sont importants, la recherche fondamentale va à son propre rythme.

Oui, il y a une limite à la vitesse à laquelle la recherche peut progresser. Le grand défi de la recherche fondamentale, c'est d'arriver à se poser les bonnes questions. Y répondre, une fois qu'on les a bien posées, c'est relativement simple. Pour l'instant, une question qui m'intéresse, c'est : comment dépasser les limites des systèmes d'apprentissage actuels ? On n'a pas de mode d'apprentissage pour les machines qui serait équivalent en efficacité et en généralité aux modes d'apprentissage qu'on voit chez les animaux ou les humains. On n'a pas de robot aussi habile qu'un chat ou qui pourrait survivre dans un environnement hostile comme une souris ou un rat. On n'a pas du tout les technologies pour ça.

Et la théorie elle-même n'existe pas…

On n'a pas les principes de base. Sans même parler théorie, il nous manque les principes fondamentaux qui nous permettraient d'attaquer ce problème. On y réfléchit, on y travaille, on a des idées qui commencent à marcher, mais il se peut que le progrès dans ce domaine arrive d'ici deux ans, cinq ans, dix ans, vingt ans, on ne sait pas. Évidemment, si ça prend plus de dix ans pour résoudre ce problème particulier de l'apprentissage non supervisé – ou prédictif, comme je l'appelle –, je pense que certains dans l'industrie commenceront à se poser la question de savoir si ça vaut le coup de financer toute cette recherche ! [*rires*] Si ces techniques-là ne font pas de bons progrès, il y aura peut-être un petit retour de bâton, jusqu'à ce qu'on trouve quelque chose. Ce pourrait être la cause d'un nouvel hiver de l'intelligence artificielle.

La recherche appliquée, en revanche, celle qui s'appuie sur vos découvertes d'il y a vingt ans, se porte très bien…

Tout à fait. C'est quelque chose qu'il faut bien souligner. Quand on assiste à un progrès dans les produits, c'est en général parce qu'il y a eu un progrès technologique en amont quelques années auparavant, et une avancée scientifique qui s'est probablement passée dix ou vingt ans plus tôt. De nombreuses innovations d'aujourd'hui trouvent leurs sources dans la recherche fondamentale, financée essentiellement par les gouvernements.

Aujourd'hui, vous vous concentrez donc sur l'apprentissage prédictif ?

Ça, c'est mon intérêt personnel, mais ça n'intéresse pas tout le monde à FAIR. Il y a une grande diversité dans les sujets abordés, et c'est très bien parce que personne n'a la science infuse et qu'il faut essayer plein de choses, voir ce qui marche, essayer de pousser les sujets prometteurs. Il y a beaucoup de travaux sur une forme d'apprentissage non supervisé pour permettre aux machines de construire des modèles du monde par observation. On espère pouvoir utiliser ça dans des machines intelligentes qui pourront apprendre avec un niveau d'efficacité comparable aux animaux et aux humains. C'est encore lointain, mais c'est un pas dans cette direction. Si on veut aller sur la Lune et qu'on a le choix entre utiliser une échelle de plus en plus grande et inventer une fusée, ça peut être utile de prendre le temps de travailler sur la deuxième solution. Mais sans oublier le fait que construire une échelle plus grande, ça peut servir aussi, mais sans doute à autre chose.

Aujourd'hui, avec les réseaux de neurones, on est dans le domaine de la perception. Mais quand on parle de compréhension du monde, de prédiction, ça semble très éloigné de ce qu'on sait faire aujourd'hui...

Il y a justement beaucoup de travaux là-dessus. Il y a des gens qui essaient de marier des processus de raisonnement avec des architectures d'apprentissage, c'est-à-dire apprendre à raisonner. Par le passé, dans l'intelligence artificielle classique, le raisonnement se faisait avec des règles de déduction logique. Mais lorsqu'on veut apprendre, il s'avère que la logique est incompatible avec l'apprentissage. L'apprentissage aime bien manipuler des nombres continus plutôt que des indicateurs binaires. On substitue donc les symboles par des vecteurs, qui ne sont rien d'autre qu'une liste de nombres, et on remplace la logique par des opérations numériques sur des vecteurs. Aujourd'hui, on arrive déjà à appliquer cette technique sur les textes, et on se rend compte que les vecteurs créés par l'apprentissage contiennent de l'information sur le sens des mots. « Chien » et « Chat » auront des vecteurs proches, tout comme « Jeudi » et « Vendredi ». On peut appliquer ça à tout un tas d'autres choses. On a par exemple un projet qui propose de l'appliquer à toutes les entités qu'on retrouve chez Facebook : les posts, les images, les gens, etc. En comparant les vecteurs créés, on peut savoir si une personne est supposée être intéressée par un contenu particulier, ou si deux personnes ont des chances de devenir amies.

Revenons aux applications concrètes : les réseaux de neurones artificiels semblent être la solution pour traiter les big data. Mais ces données ne sont pas forcément fiables, elles comportent des biais. Comment les prendre en compte dans l'analyse ?

Mon collègue Léon Bottou a fait le constat suivant il y a une quinzaine d'années : la quantité de données engendrée par notre société numérique croît de manière exponentielle, à la même vitesse que les réseaux de communication et les systèmes de stockage. Et c'est plus rapide que la loi de Moore. La capacité des gens à analyser ces données est, elle, quasi constante. Inévitablement, à un moment, la quantité de données fournie dépasse celle des gens en mesure de les analyser. Aujourd'hui, la plupart du savoir issu des données réside dans des ordinateurs, pas dans le crâne des gens. C'est une réalité. Par le passé, les systèmes d'analyse statistique nécessitaient beaucoup de connaissance du problème et des experts travaillaient pendant des mois à transformer les données de la bonne manière pour que les algorithmes arrivent à dégager des connaissances. Ce que nous a permis l'apprentissage profond, c'est de déléguer cette partie de traitement des données au système d'apprentissage lui-même. Et donc de généraliser ces méthodes à des données qui, par le passé,

étaient laissées de côté à cause du coût de conception.
Alors, oui, c'est vrai qu'on peut faire rapidement des bêtises dans ce processus. Si les données d'apprentissage sont biaisées, les systèmes d'apprentissages entraînés sur ces données vont refléter le biais. C'est inévitable.

Et beaucoup de données sont biaisées...

Oui, beaucoup de données sont biaisées, car elles sont collectées à partir d'actions produites par des gens qui eux-mêmes sont biaisés. Ça crée des problèmes. Il y a aujourd'hui une grande réflexion dans la communauté, et des travaux sont menés pour mettre en place des systèmes qui enlèveraient les biais systématiques, ou du moins qui s'assureraient que les effets sont minimisés. En ce qui me concerne, je suis optimiste. Il y a de bons espoirs de pouvoir faire ça de manière contrôlée, et mieux que si les décisions étaient prises par des humains qui, eux, sont extrêmement biaisés.
On connaît des études aux États-Unis sur le degré de sévérité des décisions d'un juge en fonction des résultats de son équipe de foot préférée, ou de l'heure de la journée, si on se rapproche du déjeuner par exemple. Ce qui pousse certains à dire que pour réduire le biais, il faut plus d'intelligence artificielle, pas moins.

Mais une intelligence artificielle qui prenne en compte les biais...

Et qui sache les éliminer ! Et il faut surtout que ceux qui créent ces systèmes et qui les entraînent soient conscients du fait que s'ils ne réfléchissent pas à la question, ils peuvent produire de mauvais résultats. Aujourd'hui, les systèmes biaisés qui ont été conçus l'ont été par des gens qui n'avaient pas conscience de ce problème-là. C'est plus de l'incompétence que de la malice. Mais l'incompétence peut être dangereuse et il y a donc un vrai travail d'éducation des ingénieurs qui travaillent dans le domaine à effectuer.

D'autant qu'on va de plus en plus faire face à des systèmes d'apprentissage qui vont prendre des décisions compliquées à analyser dans le détail...

Compliquées, pas nécessairement. Il y a en gros deux types de systèmes entraînés : ceux qui prennent des décisions rapides et très nombreuses, comme pour la conduite autonome, la reconnaissance de la parole, le classement de fils d'information ou la recherche d'images, pour lesquelles il n'y a pas forcément un grand besoin d'explication. La machine accomplit des tâches qui chez un humain relèveraient du subconscient. Et ceux qui sont, soit des systèmes d'aide pour une décision prise ensuite par des humains, soit des systèmes de décision qui affectent la vie des gens et pour lesquels il faut des explications.

Il y a cette légende selon laquelle les réseaux de neurones sont des boîtes noires incompréhensibles. Ce n'est pas le cas. On peut suivre les calculs qui ont été effectués. Dans le cas d'un prêt, par exemple, on peut faire de l'analyse de sensibilité : on peut dire que si votre revenu avait été de 200 € supérieur – ou si vos dettes avaient été inférieures –, on vous aurait accordé le prêt. Mais pour l'instant, et d'une manière générale, le nombre d'applications de ce type est extrêmement faible. La plupart prennent des décisions rapides, comme décider ce qui arrive dans votre fil Facebook, ou estimer si un contenu est violent ou non.

Vous vous êtes par ailleurs impliqué dans les discussions à propos de l'éthique de ces systèmes...

Oui. J'ai contribué à créer un groupe, le Partnership on AI, essentiellement financé par des sociétés impliquées sur le sujet mais qui inclut aussi des ONG et des associations de droit civique, pour justement réfléchir à ces questions de façon ouverte. Il n'est pas possible pour des sociétés telles que Facebook, Google, Microsoft, IBM, Amazon ou Apple d'avoir simplement une réflexion interne sur ces problématiques. Ça concerne tout le monde, toute la société, donc c'est un problème qui doit être discuté avec tous les gens qui ont un intérêt dans le domaine. On est nombreux à avoir conscience de tout ça. Ce n'est pas encore une crise, parce que le déploiement de ces systèmes est relativement étroit et que la plupart sont bien conçus, mais c'est quelque chose auquel il faut certainement réfléchir.

Cédric Villani

« Ce que nous ferons de l'IA sera avant tout un choix de société »

À peine six mois après la remise du rapport France IA qui, à la fin du mandat de François Hollande, a dressé le premier tableau de l'intelligence artificielle dans l'Hexagone, le gouvernement a lancé une nouvelle étude avec pour ambition de faire de l'IA un marqueur fort de sa politique en faveur de l'innovation. Alors que nombre de pays – les États-Unis, la Chine avec 13 milliards de dollars d'investissements annoncés pour les trois prochaines années, la Corée du Sud ou encore la Russie – se sont dotés de plans stratégiques dans ce domaine, le député Cédric Villani a été chargé de ce rapport qu'il a remis au mois de mars 2018. Une mission tous azimuts, confiée à ce mathématicien de 43 ans devenu une figure de la nouvelle majorité depuis qu'il a été élu député LREM de la cinquième circonscription de l'Essonne. Le médaillé Fields confie sa vision de ce secteur en pleine ébullition et les grandes orientations de sa mission.

Dans quel état d'esprit avez-vous abordé cette mission ?

L'intelligence artificielle est devenue l'affaire de tous parce qu'elle touche tous les domaines. D'où le parti pris très transversal de cette mission dont le but est d'aider le gouvernement à faire les bons choix pour les prochaines années. Des choix scientifiques et économiques très structurants, dans la mesure où l'argent public joue un grand rôle dans le financement de la recherche et de l'innovation, mais sans oublier les dimensions politique, sociétale, éthique, culturelle de l'IA. Comment va-t-on parler de l'IA dans le discours public par exemple ? Les enjeux de vulgarisation et de diffusion de la connaissance sont capitaux.

Votre mission est française mais le sujet européen, dites-vous...

Nous réfléchissons à la fois à l'échelle française et européenne et cela change vraiment la donne. Le cadre national peut fonctionner au niveau de la recherche mais n'est pas du tout pertinent si l'on veut pouvoir atteindre une taille critique face aux Américains... et face aux Chinois qui sont les seuls aujourd'hui à défier la suprématie économique américaine dans l'IA. Nous sommes conscients que c'est plus compliqué de progresser avec des langues et des approches parfois différentes, des rivalités pour la localisation des activités, etc. Mais en même temps, cette diversité est une force et l'Europe a un potentiel unique dans l'IA. Une société comme Atos, très impliquée dans la coopération franco-allemande, montre la voie. D'autres projets de collaboration transnationale sur l'IA sont en train d'émerger.

À la fin du précédent quinquennat, François Hollande avait promis 1,5 milliard d'euros pour le plan France IA. Est-ce suffisant ?

Tout est sur la table. Est-ce trop peu ? Notre chiffrage permettra d'y voir plus clair dans le contexte d'une contrainte budgétaire forte. Mais il me semble que 1,5 milliard d'euros rapporté au plan d'investissement de 56,3 milliards annoncé sur le quinquennat, ce n'est pas énorme... Car l'IA a vocation à s'appliquer partout, de la lutte contre le changement climatique à la médecine personnalisée, en passant par la question du chômage. L'IA devra s'aborder secteur par secteur, projet par projet. Les plans de mise au point de voiture autonome sont en cours, avec une forte émulation entre constructeurs. L'Assistance publique-Hôpitaux de Paris a travaillé pendant des années pour mettre en place une plateforme de données. Le tribunal de grande instance de Lille a lancé un projet de recherche sur la justice prédictive. Pour la lutte contre le chômage, une expérimentation est en cours chez Pôle emploi avec « Bob emploi », un projet basé sur le big data : il faudra comparer ses résultats et son coût avec ceux d'autres actions d'accompagnement des chômeurs. On pourrait multiplier les exemples.

Quels sont les atouts qui peuvent permettre à la France de se distinguer dans la grande bataille qui s'annonce ?

Cette bataille va être en premier lieu une compétition pour l'intelligence humaine : celle des experts, chercheurs, développeurs, ingénieurs en IA. Or, dans la formation et la recherche, la France continue de compter parmi les références mondiales. Les États-Unis ont plus recours à l'importation de cerveaux : si nous parvenons à retenir les nôtres, nous aurons un avantage. La France s'est également dotée d'un solide écosystème de start-up qui progresse, avec de nombreux projets, et des fonds de capital-risque spécialisés dans l'IA, comme celui qu'a lancé Serena Capital il y a quelques mois. Enfin, nous sommes un grand pays de culture, ce qui nous garantit des débats de qualité sur ce sujet subtil, que tout le monde doit s'approprier. L'approche de l'IA en Europe est plus raisonnée, nuancée, que ce que l'on voit parfois ailleurs où certains ne se soucient guère des effets ravageurs que peuvent avoir certaines technologies sur l'emploi ou le tissu démocratique. Nous sommes attentifs à avoir une approche équilibrée qui soit bénéfique à tous, c'est une force.

A contrario, quelles sont les faiblesses de la France ?

Nous n'avons pas la taille critique d'autres grands pays, d'où l'importance de la dimension européenne.

Malgré les gros efforts entrepris récemment pour rattraper notre retard, l'accès au capital-risque reste limité et moins systématique en France que dans les pays anglo-saxons, ce qui leur permet d'avancer plus vite. Mais les finalités assignées à l'économie ne sont pas non plus exactement les mêmes. Aux États-Unis ou en Chine, on raisonne avant tout en termes d'efficacité, de consommateurs et de marchés, là où en Europe, on attachera plus d'attention à l'épanouissement de l'individu, à la qualité du lien social et au respect de la vie privée.

Comment éviter que les meilleurs éléments de notre écosystème « se barrent », comme vous le dites...

C'est une question au cœur de nos auditions. L'Europe ne protège pas assez ses intérêts, et les États-Unis ont une approche bien plus protectionniste (!) que l'Europe, il suffit pour s'en convaincre de consulter les statistiques de refus de rachat sur l'un et l'autre continent. L'approche idéale pour préserver nos talents, ce serait la surenchère, c'est ce que font les universités américaines entre elles pour attirer les meilleurs chercheurs, et ces derniers savent très bien en jouer. Mais cela pose immédiatement la question des moyens et des géants de la tech : or nous n'avons pas la force de frappe financière des États-Unis, et nous n'avons pas non plus leurs géants. En tout cas, chaque fois que nous pouvons mettre en valeur nos avantages, il faut le faire. Ainsi, dans la communauté des chercheurs, que je connais bien, il n'y a certainement pas que l'argent qui compte, et nous avons manqué d'imagination jusqu'ici pour ce qui est des incitations.

Qu'est-ce qui vous a fait vous intéresser à l'IA ?

Je l'ai découverte par la partie la plus théorique, celle à laquelle je suis le plus sensible et dans laquelle la France est sans doute la plus forte. Je suis fasciné par cette idée qu'on en est encore à peine à l'orée du bois d'une nouvelle discipline dont les premiers pas académiques remontent pourtant à une cinquantaine d'années ! Il y a des potentialités énormes à mieux comprendre comment l'IA fonctionne et c'est d'autant plus important que dans ce champ théorique, personne, à ce jour, n'a acquis d'avantage décisif.

Cela n'est pas vraiment le cas dans la sphère économique...

Les acteurs déjà bien en place ont un énorme avantage. Même si vous faites demain un algorithme de recherche bien meilleur que celui de Google, vous n'arriverez pas à percer parce que vous n'avez pas leur profondeur de données, leur marché, leur modèle économique qui leur permet de financer tous ces travaux. Comme s'il y avait une distorsion automatique créée par le marché... Le simple fait d'avoir un grand marché améliore votre produit, c'est une conséquence de la place centrale des données dans l'IA moderne. Cela aussi bouscule certaines idées.

Votre discipline, les mathématiques, n'a-t-elle pas également bouleversé la manière de concevoir l'IA ?

C'est le deuxième aspect qui m'a fait m'y intéresser. L'IA est très emblématique de la rencontre à laquelle on assiste entre les mathématiques et les questions de société. Comment luttera-t-on plus efficacement demain contre le réchauffement climatique, comment détectera-t-on les cancers ? L'IA s'invite partout. Ce qui a permis ce revirement après des décennies de tâtonnements, de coups d'arrêts et d'« hivers » de cette discipline, c'est le poids pris par les statistiques. On est passé d'une tentative d'appréhender l'intelligence par la compréhension de ses mécanismes à un paradigme de l'intelligence par l'exemple. D'où un bond énorme dans la performance qui s'est accompagné en pratique d'une certaine régression dans la compréhension de ce qu'est l'intelligence et de ses mécanismes. La statistique est devenue la superstar des mathématiques et les spécialistes de la data sont ceux pour lesquels on a aujourd'hui le plus de mal à satisfaire la demande des entreprises.

Aviez-vous anticipé ce virage ?

Pour être honnête, non, il y a quelques années encore je considérais la discipline comme trop floue et perdue dans les arcanes de la logique. Mais l'IA a fait sa mutation statistique et tout a changé... Certains des sujets sur lesquels j'ai travaillé et écrit des ouvrages de synthèse, comme le transport optimal ou le couplage optimal, sont aujourd'hui cités dans la littérature de l'IA alors que c'était impensable dans la période précédente. Je me suis même retrouvé invité dans des colloques spécialisés sur le sujet, ce que je n'aurais jamais cru possible. C'est un beau clin d'œil à mon histoire scientifique personnelle, car l'IA fait écho à certaines questions existentielles qui me fascinaient durant mon adolescence.
Comme beaucoup d'amateurs de mathématique, j'ai grandi avec les ouvrages de l'Américain Douglas Hofstadter qui a beaucoup réfléchi sur ce qu'est la conscience : *Gödel, Escher, Bach* ou *Ma thémagie* ont été pour moi des révélations. Pour une génération de passionnés des sciences, Hofstadter a été certainement le premier vulgarisateur mathématique de l'intelligence artificielle et le premier à accorder tant de place publique au précurseur Alan Turing.

Est-ce que la pensée que tout cela pourrait très bien n'être qu'un vaste enfumage collectif ne vous a jamais traversé ?

Il faut toujours se méfier des modes, cela va de soi ! On se rappelle l'engouement que l'on a pu connaître récemment autour des « Mooc » et de la formation en ligne. On entendait que cela résoudrait les problèmes de l'éducation en la rendant plus inclusive et accessible, que cela allait sauver l'Afrique ! Je fais partie de la très petite proportion d'enseignants qui a fait la démarche jusqu'au bout en préparant un Mooc, cela a été une expérience passionnante. Mais on voit bien que la révolution pédagogique mondiale n'a pas eu lieu, l'exemple montre que c'est toujours plus long et compliqué qu'on ne croit, qu'il faut relativiser ! Avec l'IA, il y a évidemment un effet de mode et c'est un sujet qui a connu d'autres périodes d'engouement suivies d'hivers. Mais il y a autre chose. D'abord, il reste vraiment énormément de mystères à percer dans l'IA et c'est ce qui la rend passionnante pour les scientifiques, mais également pour tout citoyen qui prend la peine de s'y intéresser. Certains avancent que nous n'en sommes qu'au tout début, à ce qui correspondrait juste aux activités humaines relevant du réflexe, et que des découvertes extraordinaires sur la connaissance et l'intelligence attendent encore. Les neurosciences commencent tout juste à s'emparer de l'IA.

La différence n'est-elle pas aussi liée à sa transversalité ?

L'IA va avoir un impact sur toutes les disciplines et tous les citoyens. Elle interroge sur la politique, sur la santé, sur l'éducation, sur l'industrie, sur la police, sur la culture, sur le journalisme, sur le droit et nous oblige à nous poser des questions fondamentales sur notre humanité. Un tel engouement multidisciplinaire ne se produit pas tous les jours. C'est quand même très rare de voir un sujet aussi pointu devenir à ce point grand public, nourrir autant notre imaginaire et nos débats, au point que des chercheurs en IA commencent à atteindre une notoriété remarquable. Évidemment, l'IA et ses recherches connaîtront de nouveaux tunnels mais la percée actuelle n'en va pas moins déboucher sur des changements encore difficiles à appréhender. Je suis persuadé que le plus intéressant reste à venir !

II

Ce que l'IA change à nos vies

3

Vers une médecine préventive et prédictive

Turku, deuxième ville de Finlande, à une cinquantaine de kilomètres d'Helsinki. En plein centre s'étale un vaste quartier baptisé Science Park, où se mélangent universités, hôpitaux et entreprises biomédicales.

Olli Carpen fait partie de Science Park. Il a une petite cinquantaine, une assurance à l'américaine, tient des propos clairs et nets. Passé par la Harvard Medical School à Boston, il occupe depuis quelques années une chaire de médecine à l'université de Helsinki et dirige parallèlement une biobanque. Et notre professeur est comme un poisson dans l'eau dans cet univers où il peut déployer sans limites sa passion : mettre sur pied la médecine de demain, avec un objectif qu'il place au-dessus de tout, le bien-être et la santé de la population.

Prévenir plutôt que guérir

Pour lui, les lignes sont claires, comme les différents facteurs qui influent sur le capital santé de tout un chacun. Rien que de très classique : pour plus de 40 %, ce sont d'abord nos modes de vie ; pour 30 %, nos prédispositions génétiques ; aux alentours de 15 %, le contexte social dans lequel nous évoluons, pour 5 % seulement le système de santé et 5 % encore notre exposition environnementale.

« La médecine d'hier est une médecine de réaction, qui soigne, répare et guérit », explique Olli Carpen. « Il faut passer à la médecine dite P4 », dont les prémices ont été lancées il y a une vingtaine d'années par tout un courant nord-américain qui entend se fixer sur le patient et non sur la maladie. Pourquoi diable « P4 » ? Parce que cette médecine doit être « préventive », « prédictive », « personnalisée », et enfin « participative ». « Pour cela, nous avons besoin des données personnelles de l'individu. »

Le professeur Carpen argumente : « Si on veut lancer cette dynamique d'une médecine qui intervient au plus tôt, on ne peut pas se fonder sur des modèles animaux. Nous avons besoin d'études de population, qui auront un rôle-clé pour cette phase transitoire. » A priori, des idées de bon sens : il s'agit de prévenir plutôt que de guérir. Mais là où tout bascule, c'est avec l'apparition et surtout le développement des… biobanques. Et, plus généralement, des big data en santé.

Banques de données biologiques

L'expression est lâchée : big data. Des flots d'informations se déversent. Mais comment les susciter, puis les trier, les organiser, et en déduire des liens de causalité ? Comment, aussi, installer de nouvelles structures qui récupéreraient, sans limites, les échantillons biologiques de tout un chacun ?

L'idée est d'arriver à mettre peu à peu sur pied de gigantesques banques de données biologiques où les chercheurs pourront puiser, lancer des recherches, émettre des hypothèses pour construire ce nouveau paradigme médical à base de dépistages précoces et thérapies ciblées, le tout pour le plus grand bonheur du patient. Illusion futuriste ?

Dans les faits, ce scénario est déjà en marche, car la Finlande est un petit pays de 5,5 millions d'habitants, « idéal pour poser les jalons de cette nouvelle médecine », analyse sans complexe le professeur Carpen : « D'abord, nous avons un système de santé de bonne qualité qui couvre l'ensemble de la population. Ensuite, nous vivons dans une société aux liens forts, avec une sécurité sociale efficace, une population homogène et surtout confiante, qui porte un regard positif sur la recherche et la médecine. »

Le dispositif commence à prendre forme : déjà, près d'un million de personnes ont apporté leurs échantillons, mis en relation avec plus de 10 millions de diagnostics existants, sans oublier 100 millions d'analyses biologiques en tout genre. « Avec toutes ces données, poursuit

Olli Carpen, on pourra développer une approche vivante de biobanque, aller vers l'identification et la validité de certains marqueurs. Il sera possible de mettre au point des diagnostics, de mieux connaître la progression de certaines pathologies, pour enfin donner une réponse la plus appropriée possible au patient. »

Ainsi émerge, peu à peu, la médecine de demain. « Avec les biobanques, nous sommes à la première phase, celle de l'établissement de nouveaux marqueurs permettant des diagnostics précoces et des traitements personnalisés. Ensuite, il y aura la mise au point de facteurs de risques, ou de facteurs prédictifs. Enfin, une surveillance au plus près de la population », résume Olli Carpen.

Ces chercheurs n'ont guère de doutes. Ils sont sûrs d'eux, de leur réussite et de l'efficacité de leur système. Pourquoi pas ? Mais quand on leur parle de garde-fous, de contre-pouvoirs éventuels, ils lèvent les yeux au ciel : « Pour quoi faire ? », « C'est pour le bien-être de la population », entend-on souvent auprès des spécialistes. De fait, c'est tout l'enjeu des big data. Elles se développent partout, ouvrant de larges perspectives aux acteurs de la santé. Mais encore faut-il que les règles du jeu soient claires et affichées. En France, l'assurance maladie possède un gigantesque fichier, le Système national d'information interrégimes (Sniiram), qui regroupe l'ensemble des remboursements de tous les frais de santé de tous les assurés sociaux. Un trésor et une mine que retient jalousement la Sécu pour éviter, dit-elle, qu'il ne tombe dans des mains… trop marchandes.

4

Les algorithmes vont-ils tuer l'emploi ?

Chaque semaine ou presque, un nouvel article nous apprend, au choix, que des employés japonais d'une société d'assurance vie sont remplacés par un robot dans le département des évaluations des paiements ; que des millions de chauffeurs de poids lourds américains risquent de perdre leur emploi lorsque les algorithmes de conduite autonome de leurs semi-remorques seront homologués par les autorités ; ou encore, que la dextérité des chirurgiens est déjà dépassée par celle de bras télémanipulateurs plus adroits qu'eux pour suturer un intestin de porc. Certaines démonstrations sont si bluffantes qu'elles paraissent abolir toute frontière entre l'humain et la machine : si un robot humanoïde appelé Yumi est capable de reproduire à la perfection les mouvements d'un maestro menant à la baguette un orchestre philharmonique, comme récemment à Lucques en Italie, quel métier pourra à plus ou moins long terme résister à son automatisation par l'intelligence artificielle ?

Cette antienne de la disparition du travail au nouveau temps des algorithmes est devenue l'une des questions les plus cruciales que l'économie doit affronter en ce début de XXIe siècle. L'essayiste américain Jeremy Rifkin l'évoquait de manière prémonitoire dès 1995 dans un essai intitulé *La Fin du travail* qui, à l'époque, avait nourri la gauche en pleine cogitation sur le partage du travail. Vingt ans après, le sujet a pris un tour plus « disruptif ». Comme le résume bien Erik Brynjolfsson, un spécialiste de la transition numérique qui enseigne au Massachusetts Institute of Technology (MIT), « la première révolution industrielle était fondée sur l'automatisation des muscles humains et animaux. Aujourd'hui, il s'agit des cerveaux ». Et cela change tout, comme le souligne également l'essayiste américain Martin Ford, auteur de *L'Avènement des machines* (FYP Éditions), selon lequel « les machines deviennent elles-mêmes des travailleurs ». Pour ces « technologues », le travail humain, inexorablement remplacé demain par les robots dans les usines et les algorithmes dans les bureaux, ne s'en remettra pas. À l'inverse de la majorité des économistes et des historiens qui considèrent qu'il s'adaptera et se réinventera comme il l'a déjà fait tant de fois lors des précédentes grandes vagues d'innovations. Entre ces deux camps, la controverse bat son plein.

Chômage de masse ?

En attendant ce futur paradoxalement de plus en plus imprévisible, le retour de la « question de la machine », comme l'appelle l'hebdomadaire *The Economist*, qui avait déchaîné les passions lors de la première révolution industrielle au XIXe siècle, ne cesse d'alimenter la crainte d'un « chômage technologique » de masse – l'expression est de Keynes – que provoqueraient les progrès de l'intelligence artificielle. Selon un sondage de l'Ifop paru en octobre 2017, 71 % des Français pensent que l'IA ne créera pas assez d'emplois pour remplacer ceux qu'elle détruit et 66 % qu'elle touchera tous les secteurs. Les Américains ont déjà trouvé une terrifiante expression, les « *useless people* », pour désigner cette nouvelle classe d'inutiles, pas seulement sans emploi mais inemployables pour cause d'obsolescence face à la déferlante annoncée de robots, d'imprimantes 3D et d'intelligence artificielle dans l'industrie et les services.

Pour la première fois en 2017, un candidat d'un grand parti politique à l'élection présidentielle en a même fait l'un de ses principaux thèmes de campagne. Benoît Hamon a mis les pieds dans le plat en affirmant que oui, « le travail va se raréfier en raison du progrès technologique, qui va permettre à l'humanité de produire ce dont elle a besoin avec moins de travail humain nécessaire ». Tollé immédiat des économistes, attachés mordicus à l'idée que si la croissance de nos besoins n'a pas de fin, alors la demande de travail non plus. Rien ne serait pire selon eux que de brimer l'innovation en adoptant sa proposition malthusienne d'une taxe sur les robots servant à financer un revenu universel d'existence pour tous les perdants de l'automatisation.

Mais pour les « *techies* » de la Silicon Valley qui baignent déjà dans ce nouveau monde, la question n'a rien de tabou : si les destructions d'emplois causées par ces algorithmes ne sont pas compensées, ou pas assez vite, par la création de nouveaux métiers, « que se passera-t-il si les gens n'ont plus rien à faire ? », s'interroge le fondateur de Microsoft Bill Gates. Ce dernier est favorable à une redistribution des richesses produites par les machines via une taxe sur les robots tandis qu'Elon Musk, l'inventeur des voitures électriques Tesla, appuie le principe d'un revenu universel pour tous ceux qui vont perdre leur emploi. Des prises de position qui contrastent avec le conservatisme prudent de la plupart des politiques.

Emplois en risque

Même si elles sont contradictoires et parcellaires, que disent les flopées d'études qui s'amoncellent sur le sujet ? En 2013, deux chercheurs de l'université britannique d'Oxford ont évalué avec l'algorithme qu'ils ont mis au point la probabilité d'automatisation de 700 professions aux États-Unis. Leur verdict ? « 47 % des emplois sont en risque » à un horizon de vingt ans.

Selon leurs calculs, il est probable à 99 % que les télémarketeurs soient remplacés par des « chatbots » (agents conversationnels) en 2033, à 97 % que ce soit le cas pour les caissières et caissiers mais seulement à 0,7 % que les archéologues soient évincés par des algorithmes ! Si l'archéologie est d'après leur classement la plus préservée des professions, ce n'est pas seulement parce que leur travail requiert des compétences très spécifiques de reconnaissance de formes. Mais surtout parce que cette activité ne dégage pas les profits qui justifieraient les investissements nécessaires pour l'automatiser.

En 2016, l'OCDE a revu ce risque à la baisse, considérant qu'il n'était « que » de 9 % outre-Atlantique et en France – soit quand même deux millions de chômeurs supplémentaires – et France Stratégie, en adoptant une approche basée sur les compétences plutôt que les métiers, a estimé pour sa part que cette automatisation pourrait toucher 15 % des emplois dans l'Hexagone. L'étude du think tank du gouvernement français tempère le danger en affirmant que le nombre d'emplois peu automatisables en France a augmenté de plus de 30 % depuis 1998 en raison de la place croissante des services dans l'économie et de la transformation du contenu des métiers se recentrant sur les tâches les moins automatisables. Mais début 2017, une autre recherche menée par le MIT et la Boston University, basée non sur des projections mais sur des données historiques, a montré l'ampleur de pertes d'emplois bien réelles cette fois : elle a comptabilisé 670 000 postes supprimés dans l'industrie manufacturière américaine entre 1990 et 2007 pour cause de robotisation et a conclu à des « effets négatifs massifs de l'automatisation sur l'emploi ».

Au Nord comme au Sud

Un phénomène qui pourrait se révéler encore plus destructeur dans les pays en voie de développement où, selon Jim Yong Kim, le président de la Banque mondiale, deux tiers des emplois actuels pourraient être supprimés en raison notamment de mouvements de relocalisation provoqués par l'essor des robots industriels. 69 % des emplois seraient en risque en Inde, 77 % en Chine et même 85 % en Éthiopie. Si des automates de couture à la demande font leur apparition, comme prochainement chez Amazon qui a breveté son innovation, les dizaines de millions de petites mains de l'industrie textile en Asie ou en Afrique vont-elles expérimenter à leur tour le « chômage technologique » avant d'avoir pu bénéficier des bienfaits de la globalisation ?

Jusqu'où ira ce mouvement dont toutes ces études s'accordent au moins à prédire un impact aussi majeur que global ? Les schumpétériens ont leur réponse toute trouvée. Ils répètent en boucle que les économies où la robotisation des usines est la plus avancée, comme l'Allemagne ou la Corée du Sud, ont un chômage plus faible et une industrie bien mieux préservée que celles qui accusent un retard dans ce domaine, comme la

France. Les pays bien pourvus en robots, dont le taux d'équipement mondial a bondi de 16 % en 2016 par rapport à l'année précédente, sont ceux qui présentent les potentiels de croissance et de création d'emplois les plus importants, affirmait récemment l'agence de notation financière Moody's. La raison ? Les gains de productivité générés par cette robotisation bénéficient en retour aux activités de services dont les industries sont fortement consommatrices. « On ne voit pas de chômage technologique en Corée du Sud ou en Scandinavie », soutient l'essayiste libéral Nicolas Bouzou, auteur de *Le travail est l'avenir de l'homme* (Éditions de l'Observatoire) : « L'erreur classique est de croire qu'il y aurait une masse de travail fixe à se répartir et que lorsqu'un emploi devient obsolète, il n'y a plus rien à faire. Personne ne nie qu'il puisse y avoir du chômage temporaire et des transitions douloureuses mais ce n'est d'abord pas ce que l'on observe sur le marché de l'emploi, qui a globalement tendance à s'améliorer dans les pays riches. Et puis dans l'histoire humaine, la création l'a toujours emporté, quelle que fût l'ampleur de la destruction. Le sujet, c'est celui de la mutation du travail, pas de sa fin. »

Un critère : la routine

Si la vague actuelle d'automatisation nourrit autant d'angoisses et de fantasmes, c'est aussi parce qu'elle se distingue des révolutions industrielles passées par le fait que l'IA « concerne tout et s'infiltre partout », comme le dit le mathématicien et député de La République en marche Cédric Villani, qui a fourni au gouvernement une feuille de route sur le sujet (lire son interview page 49). Pour les experts, le degré de vulnérabilité des métiers à l'IA n'est plus tant lié au fait que l'on exerce un travail manuel ou intellectuel, des tâches physiques ou cognitives, qu'à leur caractère plus ou moins routinier. Comme le disent les informaticiens, « si tu fais deux fois la même tâche, un logiciel la fera à ta place la troisième ». « L'inverse du XXe siècle, fait remarquer le directeur du département d'économie de l'École normale supérieure Daniel Cohen, où pour perdurer un emploi devait être répétitif et complémentaire de la machine ».

Résultat, ce ne sont plus seulement les cols-bleus qui sont touchés mais également les cols-blancs, cadres de professions intermédiaires et mêmes supérieures, comptables, traducteurs ou encore traders, etc. Pour l'essayiste Hakim El Karoui, la robotisation pourrait être à ces derniers ce que la mondialisation a été aux premiers. Goldman Sachs, la star des banques d'affaires new-yorkaises, a provoqué une onde de choc dans la profession lorsqu'un de ses responsables a déclaré début 2017 que son *desk* de *trading actions*, qui employait 600 traders à son pic en 2000, n'en comptait plus que deux ! « Ces 600 traders, ils occupaient beaucoup d'espace », a-t-il lâché, sûr de son effet, lors d'un colloque à l'université de Harvard. Des bataillons de traders disparus pour cause de bascule vers le trading électronique à haute fréquence, qui représente aujourd'hui 99 % des ordres d'achat et de vente chez Goldman Sachs, 75 % chez ses concurrents et 45 % toutes classes d'actifs confondus dans le secteur bancaire. Ce géant de la finance les a avantageusement remplacés par… 200 ingénieurs. Ce sont eux qui pilotent désormais, pour des salaires jusqu'à cinq fois moins importants, des algorithmes programmés pour gagner des sommes certes infinitésimales mais sur des millions d'opérations quotidiennes en limitant au maximum le risque. Au suivant ?

La tendance aujourd'hui est clairement à la polarisation du marché du travail, avec des emplois intermédiaires tenus par la classe moyenne qui ne cessent de décliner et un grand écart qui s'accroît aux deux bouts de l'échelle : des activités précaires, peu qualifiées, mal payées et non délocalisables d'un côté, une super-élite très bien rémunérée avec de hauts niveaux de qualification de l'autre. Un processus alimenté par le mouvement de globalisation et qui s'est traduit, notamment aux États-Unis, par un creusement abyssal des inégalités. Avec l'arrivée de l'IA que certains comparent déjà à un tsunami, l'équation ne fait que se corser. « Il n'y a aucune raison de croire en une raréfaction du travail en raison du progrès technique, rassure le conjoncturiste Patrick Artus, à la tête de la recherche économique de la banque Natixis. En revanche, l'enjeu est bien d'inverser le mouvement actuel d'appauvrissement du contenu des emplois créés. On les trouve surtout aujourd'hui en France dans des activités de services peu qualifiées et la seule réponse possible pour monter en gamme, c'est la formation. »

L'empathie

Toutes les études s'accordent sur le fait qu'un haut niveau de qualification reste la meilleure garantie de l'emploi. La part de la formation initiale deviendra plus relative par rapport à celle de la formation tout au long de la vie afin de s'adapter à des cycles d'innovation de plus en plus rapprochés. Une injonction à l'adaptabilité dans laquelle le philosophe Bernard Stiegler voit se concrétiser le « cauchemar de la disruption permanente », qu'il assimile à une nouvelle forme de « barbarie ».

Il reste cependant des propriétés du travail humain qui, en l'état actuel des applications de l'IA, amènent à relativiser l'apocalypse promise par certains. À la différence des robots et des algorithmes, la plupart des métiers nécessitent des aptitudes à l'empathie à côté desquelles même les mieux programmés des logiciels continuent de se comporter comme des sous-doués de l'interaction sociale.

Avec le vieillissement de la société et la croissance continue des dépenses de santé, les métiers liés aux services à la personne, ou « care » (« prendre soin »), constituent aujourd'hui des gisements d'emplois pas nécessairement très qualifiés à l'aune de leur technicité mais peu automatisables. La raison ? Les affects y sont essentiels. Personne n'imagine que des robots puissent se substituer demain aux puéricultrices dans les crèches. Et lorsque les robots s'essaient à assister les retraités, comme au Japon, ce n'est pas forcément dans l'idée de combler la demande d'interactions empathiques de leurs usagers. « Dans la plupart des cas, l'IA apporte de nouvelles complémentarités bénéfiques entre l'homme et la machine », veut croire Cédric Villani, selon lequel c'est à la société de définir ce qu'elle en attend. En croisant empathie et « matière grise », des chercheurs canadiens ont pu établir une grille de lecture des emplois aujourd'hui en progression. Les emplois cumulant ces deux critères arrivent en tête. Viennent ensuite les métiers avec un fort contenu humain mais plus faible en matière grise alors qu'à l'inverse, ceux qui font appel à des tâches cognitives mais à moins d'aptitudes sociales commencent à décliner. Enfin, les emplois qui ne nécessitent ni empathie ni matière grise sont promis à l'extinction la plus rapide. Dans la logistique, les robots permettraient par exemple d'obtenir des économies de coûts de manutention de 20 % à 40 %.

Qui a raison ? Les pessimistes qui affirment que cette fois, c'est radicalement différent parce que la question centrale n'est plus de créer de nouveaux emplois mais d'en créer suffisamment de nouveaux que les hommes exercent mieux que des algorithmes ? Ou les optimistes qui, en se fondant sur les précédentes révolutions industrielles, considèrent qu'à la fin la technologie crée toujours plus d'emplois qu'elle n'en détruit et qu'elle ne pourra jamais remplacer des aptitudes humaines hors de portée de son intelligence ? La réponse reste très ouverte et se situe probablement quelque part entre les deux. Technologues et économistes convergent en revanche sur un point : la nécessité de repenser entièrement l'éducation et la formation.

Une tâche qui incombe aux gouvernements et aux entreprises, et pour laquelle, en France, Emmanuel Macron a promis de mobiliser 15 milliards d'euros sur le quinquennat. L'unique parade dans le cas où les pessimistes auraient vu juste quant à un impact bien plus rapide et massif de l'IA sur l'emploi que ne l'attendent les optimistes. À moins, mais c'est un autre débat, de considérer comme le philosophe et professeur à Oxford Nick Bostrom, dont l'essai *Superintelligence* avait poussé Stephen Hawking à s'inquiéter publiquement des progrès de l'IA, que « le but doit être la disparition totale du travail. Ce que nous voulons faire, c'est remplacer le besoin pour les humains de travailler, concluait-il un récent entretien. Si nous avons inventé la charrue, c'est pour arrêter de nous briser le dos ».

5

Révolution dans les transports

On the road

Imaginez que vous ayez le temps de regarder un épisode de la dernière saison de *House of Cards* confortablement installé dans le siège conducteur de votre voiture, en prenant le chemin de votre bureau. De la science-fiction ? Pas tout à fait. L'industrie automobile est quasiment parvenue à mettre au point un véhicule « *hands and eyes off* ». En clair, une voiture pour laquelle il n'est nul besoin de se servir de ses yeux pour regarder la direction à prendre, ni de ses mains pour orienter la trajectoire.

Deux prototypes Espace de Renault truffés d'électronique ont récemment sillonné les alentours de Guyancourt (Yvelines). Ils sont les ambassadeurs de la marque en matière de véhicule autonome. La révolution technologique en cours dans l'industrie automobile a d'ailleurs fait fleurir les alliances industrielles. BMW s'est associé avec l'américain Intel et l'israélien

Mobileye en vue de produire un véhicule d'ici à 2021. En août 2017, ils ont été rejoints par le groupe italo-américain Fiat-Chrysler. De son côté, le constructeur japonais Toyota convole avec notamment l'électronicien suédois Ericsson pour développer la voiture de demain. Enfin, la firme californienne Tesla devrait commercialiser en Europe, à partir de 2019, son premier modèle électrique destiné au grand public. Il sera proposé à partir de 35 000 dollars hors taxes.

À la tête d'une équipe de trente personnes installées au Technocentre de Renault, Laurent Taupin dirige la division véhicule autonome, dont une partie des objectifs est calée sur les prochaines années : « D'ici à la fin de la décennie, une voiture pourra aller d'un point A à un point B sans intervention humaine. Nous avons pour ambition de redonner trente minutes par jour de temps disponible à ceux qui effectuent un trajet domicile-travail. »

L'intelligence artificielle intervient à toutes les étapes du fonctionnement de la voiture autonome. Une multitude de capteurs installés sur le véhicule reçoivent en temps réel des milliers d'informations sur l'environnement, l'état de la chaussée, du trafic, la signalisation, ou encore la présence de piétons à proximité. Cette masse de données serait cependant inutile sans une capacité à les analyser en temps réel. Cette étape franchie, une trajectoire, mais aussi des itinéraires alternatifs sont transmis au véhicule qui, en autonomie de décision, accélère, ralentit ou évite un obstacle. Néanmoins, dans les situations inhabituelles ou de crise, l'ultime décision revient au conducteur.

« Sinon la voiture s'arrête ou se range sur le côté, suivant l'environnement, à partir du moment où l'intervention humaine n'a pas eu lieu. La voiture autonome repose sur une communication homme/machine », précise Laurent Taupin.

Pour autant, la machine, justement, bute encore sur quelques difficultés. Les progrès réalisés en matière de reconnaissance de l'environnement du véhicule ne sont pas intégralement venus à bout de certaines subtilités du paysage. À la tête de la division innovation de l'équipementier Valeo, Guillaume Devauchelle a pour mission d'aplanir ce type d'aléas : « Les capteurs représentent à la fois les yeux et le corps du conducteur. Il faut donc leur apprendre à distinguer ce qui est important. » Ainsi, ces caméras tridimensionnelles doivent non seulement reconnaître le cercle rouge d'un panneau de limitation de vitesse, lire le chiffre situé à l'intérieur et ne pas le confondre avec un feu de signalisation… passé au rouge. De la même manière, un piéton ne doit pas simplement être reconnu et différencié d'un personnage sur une affiche publicitaire, il s'agit aussi de déterminer s'il est immobile ou en mouvement. Enfin, si le véhicule autonome parvient aujourd'hui à se mouvoir sur des voies rapides ou des autoroutes, il est à la peine dans des milieux plus hostiles, comme la place de l'Étoile aux heures de pointe, ou une route départementale corse soudain envahie par un troupeau de chèvres. Pour faire face aux situations extrêmes ou atypiques, la voiture intelligente doit, au préalable, les modéliser et les mémoriser dans de gigantesques bases de données, afin de pouvoir les traiter lorsqu'elles se produisent. D'où l'impérieuse nécessité, pour ces véhicules, d'être en permanence connectés aux gisements d'informations contenus dans le big data.

Sans cette finesse d'analyse, difficile pour Valeo ou ses concurrents de vendre des capteurs à l'industrie automobile. Or le marché du véhicule autonome est estimé par le cabinet A.T. Kearney à 500 milliards de dollars à l'horizon 2035. Les constructeurs automobiles et leurs sous-traitants ne devraient cependant en capter qu'une moitié : l'autre sera conquise par les nouveaux entrants comme Apple ou Google, détenteurs des technologies permettant de faire circuler ces voitures autonomes.

Tous devront néanmoins composer avec une donnée totalement humaine : la réglementation. Aujourd'hui, aucune loi n'autorise la conduite d'un véhicule sans tenir un volant. La mise sur le marché de véhicules autonomes nécessitera donc une adaptation de la législation, qui ne devrait cependant pas aller jusqu'à la suppression du permis de conduire. Une voiture électrique, autonome et connectée doit, à tout moment, pouvoir être reprise en main.

Y aura-t-il encore un pilote dans l'avion ?

Halte aux emballements futuristes. La suppression des pilotes à bord des avions de transport civil n'est pas d'actualité. Les compagnies aériennes ne vont pas se retrouver à la tête d'immenses flottes de drones commandés par des pilotes… basés au sol. Une récente enquête, menée par la banque suisse UBS auprès de 8 000 personnes, montre que 54 % d'entre elles refuseraient de monter à bord d'un appareil sans pilote, même si le prix du billet était sérieusement diminué. C'est pourtant la perspective de gains qui a motivé les recherches d'UBS. Les compagnies aériennes économiseraient, chaque année, 30 milliards d'euros si elles n'avaient pas à rémunérer les deux navigants à bord de chacun des 20 000 avions commerciaux en service aujourd'hui.

Pour autant, les constructeurs aéronautiques et leurs équipementiers rivalisent d'imagination pour transformer les tâches du pilote, mais aussi le vécu des passagers.

Aux commandes d'un avion, les navigants doivent, tout au long d'un vol, traiter une multitude d'informations : la météo, l'altitude, le niveau de carburant, les contacts avec le sol… L'intelligence artificielle va leur permettre d'embarquer une masse croissante d'informations sur les scénarios auxquels ils auront éventuellement à faire face. Un progrès appréciable lorsque la météo ou le trafic aérien subit des modifications de dernière minute. « Les plans de vol sont figés peu de temps avant le décollage. En cas de changement de certains paramètres, on va aider le pilote à prendre la meilleure décision », détaille Guillaume Alleon, chef du département intelligence artificielle chez Airbus.

En cours de vol, une nouvelle route pourra ainsi être proposée à l'équipage pour éviter des turbulences. Même problématique si un passager rencontre un pépin de santé impliquant un atterrissage d'urgence ou si l'avion connaît une avarie sévère. Les algorithmes vont alors déterminer quel est l'aéroport le plus proche, en intégrant un certain nombre de critères : longueur de la piste, infrastructures médicales et hôtelières pour nourrir et loger à l'improviste entre 200 et 500 passagers. En revanche, pas question de priver le pilote de sa capacité de décision en dernier ressort. C'est ce « *final cut* » qui a incité, le 15 janvier 2009, Chesley Sullenberger à faire amerrir son Airbus A320 sur l'Hudson, après l'avarie d'un réacteur, sans la moindre perte de vie humaine. La procédure classique, elle, prévoyait un retour à l'aéroport.

En déchargeant partiellement les pilotes de certaines tâches, les compagnies espèrent, certes, qu'ils se concentreront sur l'essentiel, la sécurité du vol, mais aussi qu'ils pourront augmenter leur amplitude de travail. Au-delà de onze heures de trajet, la réglementation impose en effet la présence d'un troisième, voire d'un quatrième pilote, pour les vols extrêmement longs, afin d'organiser un relais. Un allègement de la charge de travail permettrait, à terme, de revoir les effectifs à la baisse dans les cockpits.

Les passagers ne seront pas exclus du résultat des recherches menées par les équipementiers aéronautiques. Un voyageur passe de une à quinze heures à bord d'un avion, suivant la destination choisie, dont la plus grande partie les yeux rivés sur l'écran individuel qui équipe désormais chaque siège. Pour le moment, le choix proposé ne va guère au-delà d'un échantillon de films et jeux vidéo standardisés. L'électronicien français Thales entend aller au-delà. « Nous travaillons sur une offre personnalisée qui reconnaît chaque passager, et va lui proposer des programmes et des services qui correspondent à ses centres d'intérêt », indique Richard Perrot, directeur marketing produits chez Thales Avionics. À partir des informations contenues dans les cartes de fidélité des compagnies aériennes, l'habitué du Paris-New York se verra ainsi proposer des tarifs promotionnels pour une comédie musicale à Broadway. Il pourra en outre réserver immédiatement ses tickets grâce à une solution de paiement sans contact. L'occasion pour les compagnies aériennes de développer leurs recettes. Car sur ces nouveaux services, elles ne manqueront pas de prélever une commission.

À l'avenir, l'écran vidéo ne sera plus le seul à se préoccuper du bien-être du passager. Les fauteuils devraient également s'équiper de capteurs qui analyseront, en temps réel, le rythme cardiaque ou la pression artérielle avant de basculer l'information sur la montre connectée ou le smartphone du passager. Un mini check-up à 30 000 pieds.

À cette altitude, l'entretien de l'avion se poursuit. Il est de moins en moins besoin d'immobiliser un appareil au sol pour vérifier qu'il est en bon état de marche. « La maintenance prédictive permet d'identifier des signes précurseurs. Pour cela, on s'appuie sur le retour d'expérience de toute une flotte », décrypte Stéphane Cueille, directeur de la recherche et de l'innovation au sein de Safran. C'est en stockant les données sur le fonctionnement de milliers de réacteurs en service et en les analysant qu'il devient possible de prévoir différents types de pannes et la manière d'y répondre. Là aussi, les considérations économiques ne sont pas très loin. « Aujourd'hui, on ne vend plus vraiment un moteur et des pièces de rechange, mais des heures de vol », poursuit Stéphane Cueille. Il s'agit donc qu'elles se déroulent sans anicroches, afin d'éviter au motoriste de verser des pénalités en cas d'immobilisation non prévue de l'avion. Quand intelligence artificielle rime avec recherche de rentabilité bien réelle.

6

Au service des médias

Le sujet de l'intelligence artificielle a brutalement envahi le monde du journalisme il y a une poignée d'années, lorsque des « robots-rédacteurs » ont commencé à écrire des textes à la place des humains. Des expérimentations dont les pionniers ont notamment été l'agence de presse Associated Press et le quotidien *Los Angeles Times*. À partir de données basiques, telles que des résultats sportifs, des prévisions météorologiques ou des chiffres financiers d'entreprises, les machines sont capables de produire de courts articles les mettant en forme. La nouvelle a soulevé une vague de fantasmes et d'inquiétudes, prédisant la prochaine disparition des reporters et la prise en main de l'information par des algorithmes. Ces derniers sont pourtant loin d'être capables de créer autre chose que des textes sans âme.

En France, certains médias ont utilisé cette technologie lors d'élections municipales ou départementales afin de multiplier le nombre de papiers à intérêt purement local – une tâche que les rédactions n'auraient jamais pu effectuer, faute d'effectifs suffisants. « On n'est pas face à un outil extrêmement intelligent, relativise Nabil Wakim, ex-directeur de l'innovation éditoriale du *Monde*, qui y a eu recours. C'est encore très rudimentaire, avec des textes à trous que les machines remplissent. Est-ce qu'il s'agit d'intelligence artificielle ? Je n'en suis pas sûr. » Dans la même veine, on pourrait également citer l'entreprise israélienne Wibbitz, dont l'outil transforme des articles en courtes vidéos.

Parce que ce système de production automatique relève davantage de la programmation informatique que du « *machine learning* » supposant un apprentissage progressif du robot, la question divise les spécialistes. « C'est de l'IA, parce qu'il y a automatisation, mais pas de l'intelligence », tente Eric Scherer, directeur de la prospective à France Télévisions. « Attention, les méthodes de l'intelligence artificielle ne se limitent pas au *machine learning* », prévient Claude de Loupy, cofondateur de Syllabs, une start-up française précisément spécialisée dans la « génération automatique de texte ». « Par tradition, on considère que tout ce qui fait de l'automatisation dans les domaines intellectuels est de l'intelligence artificielle », poursuit celui qui refuse de parler de « robots-rédacteurs » et préfère l'expression « moteurs de rédaction ».

Des tâches longues et routinières

À suivre cette définition plus large, les applications de l'IA dans le journalisme vont bien au-delà du cas symbolique – et plutôt crispant pour la profession car elle touche à son cœur de métier – de la production de textes et de contenus. Claude de Loupy cite le cas de la « valorisation des archives », marché sur lequel s'est positionnée sa société. Syllabs est capable de faire une analyse sémantique des textes poussiéreux des médias, préalablement numérisés par « reconnaissance optique de caractères », dans le but de les catégoriser par thématiques et de les ressortir à bon escient. Un exemple typique de travail humain qui sera beaucoup plus efficace lorsqu'il sera accompli par une machine.

« Au sein d'une rédaction, les journalistes passent beaucoup de temps, chaque jour, à faire des tâches longues et routinières », remarque Jean-François Fogel, directeur de l'Executive Master en management des médias à Sciences-Po. Et de citer par exemple la veille d'info ou la génération de sommaires. Autant d'activités dont une IA pourrait très bien s'occuper, avec des gains de temps pour les journalistes à la clé. C'est aussi le cas de la transcription d'enregistrements audio (interviews, conférences de presse, etc.) : le logiciel américain de « *speech to text* » Trint permet ainsi de transformer en quelques minutes un contenu audio en texte écrit. Nous l'avons testé : loin d'être parfait, surtout en français, il n'en est pas moins bluffant.

Organiser les contenus

Autre exemple : la distribution des contenus. L'époque où des rédacteurs en chef décidaient dans leur coin où et quand les articles devaient être envoyés touche sans doute à sa fin. La start-up française Ownpage propose ainsi aux médias d'information des solutions de personnalisation, notamment des newsletters ciblées en fonction des données de navigation des internautes. « C'est de l'analyse de données et de l'IA, explique le fondateur, Stéphane Cambon, docteur en intelligence artificielle. Entre les deux, la frontière est fine, mais nous ne faisons pas que de l'agrégation d'informations. Nos modèles apprennent, évoluent, prédisent. » Dans le même genre, les systèmes de détection en temps réel des sujets prisés par les internautes, fondés notamment sur l'écoute des réseaux sociaux, se répandent à grande vitesse. La rumeur dit que le média américain *Buzzfeed*, versé dans la technologie, est très en pointe sur le sujet. Sous la direction de son nouveau propriétaire, Jeff Bezos, également patron du champion mondial d'analyse des données Amazon, le *Washington Post* s'est lancé à tous crins dans l'intelligence artificielle. « Ils ont les outils de capture de données à la volée, les cerveaux mathématiques, la puissance de traitement », assure Jean-François Fogel.

C'est sans doute chez eux que les solutions les plus pointues émergeront d'ici quelques années. Eric Scherer, de France Télévisions, imagine de futures applications : « L'IA, par la reconnaissance de textes, d'images et d'auteurs, pourrait nous aider à débusquer les fake news. Un autre enjeu est la traduction simultanée. Tout ce qui concerne l'analyse d'opinions pourrait aussi être impacté, en n'étant plus basé sur des échantillons mais sur le big data. Nous sommes au début de l'aventure, mais elle sera puissante. »

Sur ce chemin, deux acteurs devraient jouer un grand rôle : Google et Facebook. « Tous les contenus passent chez eux. Ils sont incontournables », rappelle Stéphane Cambon. Seront-ils demain les maîtres du journalisme grâce à l'IA ? « Il n'y a rien dans les laboratoires, même chez Facebook et Google, qui laisse penser qu'on aura une intelligence forte dans les cinquante à cent ans à venir. Il n'y a pour l'instant que des intelligences faibles. » Suffisantes toutefois pour prendre un avantage décisif dans la production de l'information ?

OK Google, allume la radio !

« Alexa, je veux écouter Franceinfo », « Siri, quel est l'horaire de la Tête au carré ? », « OK Google, mets-moi BFM-TV ». Ces requêtes vocales vont devenir de plus en plus fréquentes avec la vague des enceintes connectées dopées à l'intelligence artificielle. Elles ont pour nom Echo d'Amazon, HomePod d'Apple ou Google Home de Google. Toutes sont équipées d'une intelligence artificielle capable d'écouter des requêtes vocales et d'y répondre, à condition que celles-ci soient précises et dans un environnement sonore exempt de bruits parasites.

Aujourd'hui, la seule enceinte intelligente distribuée en France est la Google Home (avec ses déclinaisons

Google Mini et Google Max). Les autres sont disponibles aux États-Unis, avec en tête des ventes le pionnier Echo disponible depuis octobre 2015 (2018 en France) vendu à plus de 10 millions d'exemplaires. D'autres enceintes vont débouler sur ce marché en plein boom : Astra de Harman/Kardon (récemment racheté par Samsung) et, fin 2018, Djingo, un speaker intelligent made in France fabriqué par Orange en collaboration avec Deutsche Telekom.

D'après le cabinet eMarketer, plus de 70 millions d'Américains utilisent déjà un assistant vocal régulièrement, soit 30 % des utilisateurs de smartphones, et plus de 35 millions devraient parler au moins une fois par mois à leur enceinte intelligente cette année. Et comme les tendances venues d'outre-Atlantique finissent toujours par arriver chez nous, parler à son boîtier connecté pour commander ses courses ou allumer sa radio préférée pourrait devenir un geste courant d'ici un an ou deux.

Les grandes manœuvres autour de l'interface vocale, dont certains affirment qu'elle va rapidement détrôner la recherche par mots-clés, sont lancées, et radios et télévisions doivent se préparer à cette arrivée imminente.

Mais les médias audiovisuels sont-ils vraiment prêts à ce changement de paradigme impulsé par l'intelligence artificielle ? Alphabet, la maison mère de Google, a déjà signé des accords avec plusieurs radios – les différentes stations de Radio France (Franceinfo, France Inter, France Bleu, France Culture, France Musique, Fip, Mouv', RFI), RTL, Europe 1 et RMC –

et deux chaînes de télévision, France24 et BFM Business.

« C'est dès aujourd'hui qu'il nous faut plancher sur la meilleure façon d'associer l'homme à la machine pour proposer des médias augmentés, dopés aux algorithmes, plus riches, moins faillibles », avertit Eric Scherer, directeur de l'innovation et de la prospective de France Télévisions. Serge Schick, directeur délégué au développement de Radio France, partage ce constat : « De fait, cela a déjà commencé par le rôle très puissant des algorithmes de recommandation qui orientent la consommation numérique des utilisateurs, soit en fonction des contenus les plus "populaires", soit en fonction des modes de consommation personnelle. L'arrivée des assistants vocaux va amplifier le phénomène. Non seulement on pourra préciser à Google Home ou à Alexa "Mets-moi Franceinfo !", mais on pourra lui demander : "Donne-moi les dernières nouvelles !" » L'enjeu étant évidemment de remonter dans les choix de l'algorithme qui déterminera le média le plus approprié pour répondre à la demande. D'où la nécessité pour les radios et les télévisions d'actualiser leurs contenus en permanence.

Deuxième défi : la production de contenus d'information ou de divertissement qui auront les meilleures chances d'être demandés par les utilisateurs. « Nous allons devoir inventer des formats pour répondre aux aspirations des utilisateurs, et notre univers concurrentiel va s'élargir, un phénomène que l'on observe déjà dans la production de podcasts », poursuit Serge Schick.

De nouveaux acteurs se lancent dans la production de podcast, comme le *New York Times* depuis février avec *The Daily*, un podcast quotidien de vingt minutes, qui aborde l'actualité par l'interview d'une personnalité, téléchargé 27 millions de fois depuis son lancement. Du côté des chaînes de télévision, CNBC, Reuters et la BBC proposent des formats « flash briefing » de deux à trois minutes sur le boîtier Echo Show d'Amazon doté d'un écran. Mais encore faut-il disposer des ressources financières et humaines pour produire ces contenus capables de séduire les assistants vocaux. « On peut envisager des modèles de collaboration avec ces plateformes pour alléger notre coût technologique, mais leur business model est connu, c'est celui de la publicité », conclut Serge Schick. Or, les tests effectués aux États-Unis montrent que les possesseurs d'Echo ou de Google Home ne supportent pas les publicités vocales.

L'autre danger est la sécurisation des données engendrées par ces requêtes vocales. La société britannique de cybersécurité MWR a prouvé qu'elle avait pu installer un malware (logiciel malveillant) dans une enceinte Echo d'Amazon et récupérer les flux audio. Par ailleurs, toutes ces commandes vocales enregistrées par Google Home, Echo et HomePod sont transférées dans les clouds de Google, Amazon et Apple sans que l'on sache vraiment si et comment elles seront utilisées.

Tourner le bouton de sa radio et appuyer sur les boutons de sa télécommande sont des gestes qui ne vont pas disparaître tout de suite…

7

Police et justice : du code pénal aux codes sources

Un « système central » qui « recueille et analyse en temps réel les données d'une multitude de capteurs disséminés à travers la ville » – 15 000 caméras de surveillance, mais aussi des lecteurs de plaques d'immatriculation, des détecteurs de coups de feu, des drones… – et « transmet les alarmes aux acteurs concernés […] quand des événements ou comportements inhabituels sont détectés » : c'est ainsi que le français Thales décrit sur son site web Ciudad Segura (« ville sûre »), le « programme de sécurité urbaine » qu'il déploie depuis sept ans à Mexico avec l'opérateur télécom national Telmex. Un dispositif qui inclut aussi, signalait l'entreprise fin 2016, « de nouveaux outils prédictifs » pour « optimiser l'emploi des ressources disponibles sur la voie publique ». « Ce qui importe, ce n'est pas le nombre de caméras mais l'intelligence artificielle qu'il y a derrière », expliquait aux *Échos* Marc Darmon, le directeur général adjoint de Thales, en juillet 2016…

Au cœur même du pouvoir régalien, l'IA poursuit une marche qui semble inexorable. Inévitablement, la perspective convoque la référence au *Minority Report* de Philip K. Dick (1956) mis en images par Steven Spielberg (2002) – avec dans le rôle des precogs, ces mutants capables de prédire l'avenir, des réseaux de neurones artificiels… En janvier 2000, dans un texte à bien des égards visionnaire publié dans le *Harvard Magazine*, « Le code fait loi », le constitutionnaliste américain Lawrence Lessig écrivait : « Le code régule. Il implémente – ou non – des valeurs. Il garantit les libertés, ou les empêche. Il protège la vie privée, ou promeut la surveillance. » Encore n'avions-nous pas vécu la montée en puissance du big data, le déploiement ubiquitaire des algorithmes et les progrès spectaculaires, ces dernières années, de l'apprentissage automatique (*machine learning*) en matière de reconnaissance d'images, de textes et de sons.

Ces avancées de l'IA ont rendu de plus en plus vif – et urgent – le débat sur l'usage des technologies dites « prédictives » en matière de police, de justice ou de renseignement. Fin 2011, *Time Magazine* avait placé dans son classement des cinquante inventions de l'année le logiciel PredPol (pour *Predictive Policing*) développé par l'entreprise du même nom, basée à Santa Cruz en Californie. Inspiré par un algorithme utilisé en sismologie (et mis au point par un chercheur français, David Marsan), PredPol se présente comme un tableau de bord permettant de visualiser les zones où le risque d'infraction est le plus élevé. Sa formule (évidemment tenue secrète) s'appuie sur des données policières sur les types de crime ou de délit, leurs lieux, dates et heures. « Prédire l'avenir était jadis réservé aux voyants, aux prévisionnistes météo de la télévision et aux écrivains de science-fiction », pouvait-on lire sur le site de l'entreprise à la mi-2012. PredPol ne prétendait alors rien de moins que de « déterminer ce que les criminels vont faire avant qu'ils n'agissent ».

Six ans plus tard, si l'entreprise continue à vanter ses « résultats prouvés » – elle revendique des baisses de criminalité de 10 % à 30 % –, elle se montre un peu plus prudente dans sa promesse. Et précise même, noir sur blanc, que « PredPol n'est pas *Minority Report* ». Son système équipe une soixantaine de villes américaines, mais son efficacité proclamée est très discutée. En 2014, le chercheur grenoblois Ismaël Benslimane a comparé, à partir des données ouvertes de la police de Chicago, les résultats de PredPol à ceux d'algorithmes assez basiques, pour en conclure que les premiers étaient « loin d'être exceptionnels ».

Au-delà de leurs prétentions, les systèmes « prédictifs » – qui relèvent souvent moins, à ce stade, de l'apprentissage automatique que de la statistique améliorée – sont aussi pointés du doigt pour leurs effets pervers. C'est le cas, en particulier, des outils d'évaluation du risque de récidive utilisés par la justice pénale dans le monde anglo-saxon, et en particulier aux États-Unis. Début 2016, le site d'investigation américain ProPublica s'est penché sur les résultats du logiciel Compas, développé par Northpointe, une entreprise basée dans le Michigan. En comparant, sur plus de 7 000 dossiers, les « scores » attribués par Compas et les récidives réellement survenues dans les deux ans, les journalistes de ProPublica ont constaté que « les prévenus noirs étaient beaucoup plus susceptibles que les prévenus blancs de se voir attribuer à tort un risque élevé de récidive ». En miroir, la probabilité d'une évaluation erronée de faible risque est apparue supérieure pour les Blancs.

Refléter la jurisprudence

« En France, on n'a pas d'instrument de cette nature », rassure le secrétaire général de l'Institut des hautes études sur la justice (IHEJ), Antoine Garapon. Mais quelques start-up se sont lancées sur le marché, moins sensible, de la « justice prédictive » en matière civile. C'est le cas de Case Law Analytics, où l'on préfère parler de « quantification du risque juridique ». L'entreprise a été créée par un magistrat, Jérôme Dupré, et un mathématicien de l'Inria, Jacques Lévy Véhel. « L'idée, c'est de refléter la jurisprudence d'une cour sur un contentieux donné », comme l'indemnité de licenciement ou la pension alimentaire, explique ce dernier. À partir des décisions disponibles – de 1 000 à 20 000 arrêts selon les contentieux –, un algorithme de *machine learning* propose, en fonction des critères renseignés par l'utilisateur, un éventail de montants et leurs probabilités, plutôt qu'une réponse unique – pour en diminuer le caractère performatif, où la « prédiction » s'impose et modifie la réalité.

Objectif ? « Désengorger les tribunaux » en encourageant la négociation entre les parties, et gagner du temps sur l'analyse de la jurisprudence. « L'avantage des juges virtuels, c'est qu'ils travaillent vachement vite », s'amuse le mathématicien. Le produit est utilisé par des cabinets d'avocats, des cabinets d'assurance, des directions juridiques d'entreprises, et testé dans un tribunal de grande instance. Impossible de savoir combien il rapporte ou comment il fonctionne précisément, mais Jacques Lévy Véhel ne verrait pas d'objection à ce que les algorithmes de Case Law Analytics soient audités par une autorité indépendante.

Quelles données ?

Antoine Garapon, lui aussi, voit dans ce type d'outil une possibilité de soulager les tribunaux « intelligemment et loyalement ». Reste qu'on n'en mesure pas encore les effets. Pour l'heure, la « justice prédictive » est limitée par les données disponibles : si les jugements sont publics, le site Légifrance n'indexe, en pratique, que 15 000 décisions par an – quand on en compte en 2017, selon les chiffres du ministère de la Justice, plus de 2,5 millions en matière civile et commerciale, et plus d'un million en matière pénale. Or la loi numérique de 2016 prévoit une bascule en open data « dans le respect de la vie privée des personnes concernées ». Depuis 2001, la Commission nationale de l'informatique et des libertés (Cnil) recommande la suppression des noms, prénoms et adresses des parties ou témoins à un procès. Mais « avec la massification et l'utilisation d'algorithmes puissants, les risques pour la vie privée augmentent de manière substantielle », souligne Émile Gabrié, conseiller de la présidente de la Cnil. Un groupe de travail, missionné par Jean-Jacques Urvoas lorsqu'il était garde des Sceaux, planche sur une « analyse du risque de réidentification ».

La « quantification du risque » est aussi au menu des forces de l'ordre. La gendarmerie nationale a son PredPol à elle, une interface de visualisation des zones les plus criminogènes, calculées à partir de statistiques criminelles, de données géographiques, socio-économiques, météo… Mais elle entend bien se démarquer de l'exemple américain. Au Service central de renseignement criminel (SCRC) de Pontoise, le colonel Laurent Collorig insiste : l'outil est « développé par des gendarmes, pour des gendarmes » et vise à « aider les responsables territoriaux à prendre des décisions », pas à se substituer au pilotage humain. Lancé il y a deux ans, le logiciel, qui permet pour l'instant de prévoir des « points chauds » en matière de cambriolages et de vols de véhicules, est expérimenté en Aquitaine. Avec quels résultats ? « Nous n'avons pas encore tiré les conclusions des remontées, indique le patron du SCRC, le colonel Jérôme Servettaz. Il y a à la fois des retours positifs, de la curiosité, de l'intérêt de la part de certains, et d'autres pour qui c'est inutile. »

À l'IHEJ, Antoine Garapon y voit un outil de « rationalisation des forces de police ». Une démarche qu'il juge intéressante – avec le risque, tout de même, qu'« on regarde moins ce qui se passe ailleurs » que dans les « points chauds ». Quoi qu'il en soit, la bascule est enclenchée. En 2015, le SCRC a créé un « département des sciences de la donnée », qui compte une douzaine de personnes. « Nous mettons en place des équipes pour travailler sur l'intelligence artificielle, de manière à maîtriser tous les aspects des outils que nous utilisons, explique le colonel Servettaz. Il faut utiliser ces technologies à bon escient, qu'elles soient efficaces là où elles peuvent l'être. »

Les progrès de l'IA ouvrent de nouvelles perspectives. Depuis une vingtaine d'années, dans les enquêtes criminelles, les gendarmes s'aident d'un logiciel, Analyst's Notebook, racheté par IBM – celui dont on a beaucoup entendu parler en 2017, sous le nom d'« AnaCrim », avec le retour de l'affaire Grégory. À partir des éléments de procédure (procès-verbaux d'auditions, analyse de la scène de crime, photos, écoutes…), le logiciel aide à visualiser les relations entre les protagonistes (humains, véhicules, téléphones…) et les chronologies. « Cela permet de déterminer des incohérences ou des absences d'information, puis de générer des hypothèses de travail », explique le major Christophe Krucker, analyste criminel depuis vingt ans. Problème : la saisie des données est particulièrement chronophage. L'enjeu, aujourd'hui, est de l'automatiser. Sans faire d'erreurs…

Quel sera l'impact de ces évolutions sur nos libertés individuelles ? Au SCRC, on se veut rassurant. « La Cnil est venue nous voir, précise le colonel Servettaz.

Nous sommes très transparents avec tout le monde. » Le gendarme des données personnelles juge d'ailleurs que l'outil de « zoning », qui s'appuie sur des données non nominatives, « ne pose pas de difficultés substantielles du strict point de vue de la loi Informatique et libertés ». Reste qu'en 2015, *Mediapart* avait révélé une « proposition de projet » – dit « Horizon » ou « Anticrime » – associant l'Institut Mines-Télécom, Morpho (à l'époque filiale du groupe Safran) et... le SCRC, portant sur un outil aux objectifs très similaires mais pouvant également, « au plan opérationnel », intégrer des « données non structurées [...] à savoir des extractions de blog ou de réseaux sociaux ». Depuis, l'affaire est tombée à l'eau, indiquaient *Les Échos* en juillet 2016. Aujourd'hui, à Pontoise, on dit ne pas avoir entendu parler d'« Anticrime », et l'utilisation des données des réseaux sociaux n'est pas au programme du « zoning ».

Traquer les « signaux faibles »

Le privé, lui, déploie déjà ce type de technologies. En septembre dernier, une conférence sur l'intelligence artificielle coorganisée par Milipol, le Salon de la sécurité intérieure des États, comptait parmi ses sponsors Sinequa, une entreprise française spécialisée dans l'analyse de big data. Sa « plateforme de recherche et d'analyse cognitives » permet entre autres, d'après la plaquette de présentation, de « surveiller les interactions sur les réseaux sociaux ». La société compte parmi ses clients des « agences majeures de renseignement et des forces de l'ordre », ainsi que des ministères français – Défense, Finances, Intérieur.

Avec l'augmentation exponentielle des données numériques et le développement d'outils de reconnaissance et d'analyse de plus en plus puissants, la traque aux « signaux faibles » est devenue l'horizon sécuritaire. En 2015, la loi renseignement a autorisé la mise en œuvre, sur les réseaux des opérateurs télécoms et des hébergeurs internet, de « traitements automatisés destinés [...] à détecter des connexions susceptibles de révéler une menace terroriste », vite baptisés « boîtes noires ». Le premier algorithme de ce type a reçu, début octobre 2016, un avis favorable de la Commission nationale de contrôle des techniques de renseignement (CNCTR). Cette dernière a confirmé en août 2017 au site NextInpact que des « traitements automatisés » étaient déjà mis en place pour « mouliner » des données non rattachables au territoire national.

« Nous ne manquons pas de données ni de métadonnées, mais nous manquons de systèmes pour les analyser, expliquait Patrick Calvar, alors patron de la Direction générale de la Sécurité intérieure (DGSI), devant la commission de la Défense de l'Assemblée nationale, en mai 2016. Nous ne sommes pas frileux vis-à-vis des nouvelles techniques : nous les déployons progressivement. » Durant l'été, la DGSI signait un contrat de 10 millions d'euros avec la filiale française de l'américain Palantir. Ce spécialiste de l'analyse de big data installé à Palo Alto, dans la Silicon Valley, compte parmi ses clients le FBI, la CIA et la NSA. D'après nos informations, l'outil de Palantir n'était pas encore déployé en France fin 2017. Mais selon Calvar, cette fois au Sénat en février 2017, la DGSI est par ailleurs « en contact avec les grands opérateurs français afin de faire émerger, à terme, une solution souveraine ».

De son côté, la Direction du renseignement militaire (DRM) a lancé en décembre à Creil, dans l'Oise, un « Intelligence Campus Entreprises » présenté comme « le premier écosystème européen civil et militaire en traitement de la donnée ». Il associe entreprises (Thales, Airbus, Safran...), start-up et établissements d'enseignement supérieur (Polytechnique, réseau ParisTech). Pour le sous-directeur recherche de la DRM, cité par *Les Échos*, « le monde du renseignement doit capitaliser sur le big data ».

La lutte antiterroriste apparaît comme la principale tête de pont de cette traque aux « signaux faibles » qui présuppose d'accéder à des quantités de données toujours plus massives. « En matière de sécurité, les algorithmes ne "trouvent" rien, mais il faut penser le prédictif comme une interaction constante entre ce que va déterminer le profilage et ce que va ramener du renseignement humain », avance Antoine Garapon. Pour le magistrat, « on ne peut pas politiquement se priver d'instruments qui permettront d'identifier ou de se rapprocher de personnes suspectes ». Le débat qui s'est noué autour de la loi renseignement – graver dans le marbre législatif l'usage de techniques intrusives et le passage à la surveillance de masse, en échange de la promesse d'un contrôle renforcé de leur usage – n'a pas fini de se rejouer.

Dommages collatéraux

Combien de dommages collatéraux demain pour les libertés, avec la montée en puissance des technologies « prédictives » ou « intelligentes » ? Début septembre, les médias s'étaient fait l'écho du bilan calamiteux, dévoilé par Sky News, d'une expérience de vidéosurveillance menée durant le carnaval de Notting Hill à Londres : à trente-cinq reprises, le logiciel s'est trompé en croyant reconnaître sur les images saisies par les caméras des personnes recherchées. Une personne correctement identifiée a, elle, été arrêtée puis relâchée – elle avait déjà été mise hors de cause, mais la base de données n'avait pas été mise à jour…

Même dans une matière moins sensible, comme l'est la « quantification du risque » en matière de justice civile, les perspectives soulèvent des questions qui méritent à tout le moins un vrai débat public. « Les algorithmes vont créer du droit, relève Antoine Garapon. L'IA va établir des corrélations qui vont devenir normatives, et ces normes vont être intériorisées sans rencontrer de moment démocratique. » Comme l'écrivait Lawrence Lessig il y a dix-sept ans : le code fait loi. « Ne refusons pas a priori des innovations développées par d'autres en pire, mais encadrons, publicisons, contrôlons », lance Garapon. Pas certain que cela suffise à circonscrire la montée en charge du big data et du « prédictif » dans la sphère régalienne, au risque de la réduction à peau de chagrin d'un État de droit de plus en plus mal en point.

8

La guerre des robots

Les robots tueurs, on les connaît bien. Ils ont une sale tête toute métallique, ils tirent sur les gentils et quoi qu'on fasse, ils reviendront. Ils peuplent notre imaginaire, et c'est peut-être parce qu'on ne conçoit pas qu'ils puissent un jour en sortir que la première lettre ouverte sur le sujet, en 2015, n'a pas suffi. Et ce, malgré l'aura intellectuelle et médiatique de signataires comme Stephen Hawking, Elon Musk, Noam Chomsky ou Steve Wozniak. Le 19 août 2017, les acteurs du secteur de l'intelligence artificielle ont donc une nouvelle fois tiré le signal d'alarme, et appelé à l'indispensable réglementation de ces machines officiellement dénommées « armes létales autonomes ». Dans une lettre ouverte, cette fois spécifiquement adressée aux Nations unies, plus d'une centaine d'industriels et de chercheurs regrettaient le retard pris par le groupement d'experts gouvernementaux sollicités sur le sujet, dont la première réunion n'a finalement eu lieu qu'en novembre 2017.

Les robots tueurs dont on parle n'ont bien sûr rien à voir avec le *Terminator*. Il s'agit plus simplement de machines armées capables de se déplacer et de prendre seules, en fonction d'un algorithme interne, la décision d'éliminer ou non une cible qui se présente à elle. Et pour les signataires du texte porté par le Future of Life Institute, il y a urgence à encadrer leur développement : « Une fois disponibles, ces armes permettront aux conflits armés d'avoir lieu à une échelle plus grande que jamais, et dans un temps trop rapide pour que les humains puissent l'appréhender. Elles peuvent devenir des armes de terreur, des armes que les dictateurs et les terroristes pourront utiliser contre des populations innocentes, et il sera possible de les pirater pour qu'elles se comportent de manière indésirable. Nous n'avons pas beaucoup de temps pour agir. Une fois cette boîte de Pandore ouverte, elle sera difficile à refermer. » Après la poudre et le nucléaire, ces armes pourraient « amorcer la troisième révolution de la guerre ».

Permis de tuer

Charles Ollion, responsable scientifique et cofondateur de Heuritech, start-up parisienne qui applique la reconnaissance d'images au secteur de la mode, fait partie des signataires. Il s'alarme avant tout de la délégation à la machine du pouvoir de tuer : « Il n'y a pas un danger propre à l'intelligence artificielle et je ne pense pas qu'on risque de voir débarquer des robots hors de contrôle dotés d'une volonté propre. Mais avec des armes autonomes, la décision de tuer pourrait devenir un acte presque banal. C'est scandaleux et ça peut arriver vite, et à une échelle sans précédent. »

Pour Raphaël Cherrier, lui aussi signataire, l'urgence vient surtout de la différence d'échelle de temps entre le progrès technologique et la décision politique. « Entre le moment où le premier robot va arriver, et celui où la techno proliférera, ça ira extrêmement vite, explique le fondateur et P.-D.G de Qucit, entreprise bordelaise d'intelligence artificielle appliquée à l'urbanisme. Et il faudra que la prise de conscience politique au niveau international ait déjà eu lieu. » D'autant que, selon lui, il sera impossible d'endiguer la prolifération de ces robots : « On parle d'armes qui seront composées d'une partie logicielle, qu'on peut copier instantanément, et d'une partie matérielle qui ne sera pas très compliquée à produire. » Le compte à rebours a donc commencé, mais impossible de savoir combien de temps il reste aux Nations unies avant d'être dépassées par les événements.

« Il y a un grand nombre d'obstacles technologiques et scientifiques à dépasser pour y arriver, analyse Raoul de Charette, chercheur en vision par ordinateur à l'Inria Paris. On en prend le chemin, mais ce n'est pas pour un futur extrêmement proche. » Et le scientifique de préciser : « Je vois surtout deux problèmes majeurs. D'une part, la perception dans un environnement de guerre, détruit, avec une géométrie chaotique. On n'a pas encore la capacité de reconstruire et d'analyser tout ça. D'autre part, il va falloir gérer la fenêtre temporelle assez grande de ces opérations. C'est-à-dire que l'IA devra concevoir un vrai plan dans le temps, comme le fait d'entrer dans un bâtiment, d'explorer quelques pièces et de ressortir. C'est très complexe à échafauder pour une machine. »

Jérôme Monceau a cofondé en 2005 Aldebaran Robotics (devenue Softbank Robotics après son rachat), société pionnière dans la robotique humanoïde. Il a ensuite créé Spoon.ai, start-up spécialisée dans les interactions humains-robots. Il a signé la lettre car il se passionne depuis longtemps pour l'aspect éthique du développement des robots et qu'il s'agit pour lui d'une dérive inacceptable : « Comment peut-on imaginer qu'une machine puisse ôter la vie sans intervention humaine ? La mise en place de cette technologie rendrait la guerre complètement irresponsable, dans le sens où on ne pourrait plus remonter la chaîne de responsabilité de la décision de tirer sur une personne. Sans même parler de toutes les situations de dysfonctionnement et de détournement qui ne manqueront pas de se produire. » On imagine assez bien la situation où une flotte de drones autonomes débarque sans qu'on puisse déterminer son origine. Qui poursuivre ? Qui condamner ?

La boîte de Pandore est ouverte

Le sujet des robots tueurs n'est pas le seul sujet éthique qui agite le secteur de l'intelligence artificielle. Début 2017, plusieurs dizaines de chercheurs renommés se sont réunis au sud de San Francisco autour du thème de l'IA « bénéfique ». Ils ont élaboré une charte de vingt-trois points appelée les « principes IA d'Asilomar » concernant les évolutions de la recherche. Aux côtés de grands axes, comme le bien commun, le respect des droits de l'homme et de la vie privée, le 18e point établit : « Une course à l'armement des armes létales autonomes doit être évitée. »

Mais derrière ces appels à répétition et toute cette énergie déployée par de brillants cerveaux, on ne peut s'empêcher de lire une angoisse bien connue : celle du scientifique mû par un idéal de progrès qui redoute de voir sa créature lui échapper. Ce ne serait pas la première fois.

« La lettre ouverte fait état d'une boîte de Pandore impossible à fermer, observe Raoul de Charette. Mais cette boîte est déjà ouverte. De nombreuses entreprises travaillent déjà sur ce sujet. Et la recherche sur les robots autonomes militaires est intimement liée à tous les autres aspects de l'autonomie en IA. En produisant les véhicules Tesla, Elon Musk aide l'armée à progresser sur ses propres armes. »

L'armée américaine à l'avant-garde

Les haut gradés du Pentagone en sont persuadés : la guerre des robots aura bien lieu. Et la superpuissance américaine s'y prépare activement, mobilisant son complexe militaro-industriel dans cette nouvelle course aux armements comme jamais, sans doute, depuis le projet Manhattan qui donna naissance à la bombe atomique. « Nous sommes à la veille d'un tournant fondamental dans l'histoire de la guerre », expliquait fin juillet le lieutenant général Sean MacFarland lors de la bien nommée conférence Mad Scientist. Ce vétéran de l'intervention en Irak prédit que des « systèmes autonomes » seront bientôt déployés sur le champ de bataille aux côtés des troupes, « pour porter des équipements et actionner des armes ».

Le tabou de l'autonomie de tir donnée à la machine, qui pourrait décider de son propre chef de « traiter une cible », serait-il en train de tomber ? Élection de Donald Trump aidant, le docteur Folamour aurait-il repris du service au sein du haut commandement américain ? À ce jour, si l'on en croit le Pentagone, aucun robot « tueur » agissant de son propre chef, à partir de ce que lui dictent ses algorithmes, ne serait déployé. Mais depuis qu'un drone Predator dirigé par un pilote de l'Air Force est entré dans l'histoire, en novembre 2001, en pulvérisant d'un tir de missile Hellfire Mohammed Atef, l'un des lieutenants de Ben Laden, la machine de guerre américaine s'est lancée dans un programme de robotisation sans équivalent.

En Irak et en Afghanistan, l'US Army, qui cherche à limiter au maximum ses pertes, a déjà largement déployé des robots télécommandés, démineurs de type PackBot, ou armés, comme les Swords et Maars : des petits monstres montés sur chenillettes, bardés de capteurs, et équipés de mitrailleuses et autres lance-grenades. Les États-Unis chercheraient aujourd'hui à développer ce que les spécialistes appellent des « Laws », pour « *lethal autonomous weapons systems* » : des soldats mécaniques pilotés par l'intelligence artificielle qui opéreront sur terre, dans les airs et en mer, obéiront toujours aux ordres, ne ressentiront ni la fatigue ni la douleur, n'auront jamais de problèmes de conscience, ni de famille à indemniser…

Le budget alloué par le Pentagone à cette seule guerre des robots est impressionnant : 18 milliards de dollars (15 milliards d'euros) en 2017 sur les quelque 600 milliards de dépenses militaires annuelles américaines. C'est au laboratoire national de Los Alamos, dans le désert du Nouveau-Mexique, là même où fut créée la bombe, que la Darpa, la très secrète Agence pour les projets de recherche avancée de défense, s'emploie à faire converger IA et systèmes d'armes robotisés pour « créer et prévenir une surprise stratégique », comme l'expliquait fin 2015 le Dr Garrett Kenyon au magazine *Time*. Et selon le *New York Times*, le département de la Défense a bel et bien testé des drones autonomes pouvant décider quelle cible attaquer « sans aucune aide humaine ». L'avion furtif sans pilote X-47B développé par la Navy serait la préfiguration de ces nouveaux drones tueurs.

Double discours

Une chose est sûre, avec l'avènement de la Chine au rang des superpuissances militaires et le retour de la grande Russie, la doctrine stratégique américaine a opéré un virage à grande vitesse vers cette guerre du futur. Washington tient cependant un double discours pour dissuader les « régimes autoritaires » de se lancer dans cette course. Officiellement, « il y aura toujours un humain dans la boucle ».

« Le Skynet du film de science-fiction [*Terminator*], ce n'est pas notre vision », assurait ainsi fin 2016 l'ancien secrétaire adjoint à la défense, Robert O. Work. Auteur d'un rapport intitulé *Preparing for War in the Robotic Age*, il expliquait que le Pentagone s'inspirait « plutôt d'*Iron Man* que de *Terminator* ». En clair, les robots seraient déployés pour coopérer avec les soldats, jouer les éclaireurs ou transporter des munitions – comme le fameux et effrayant « BigDog » de Boston Dynamics – en obéissant toujours aux ordres. Ou encore, la robotique servirait à démultiplier les capacités du combattant du futur équipé d'exosquelette : la Darpa y travaille.

La doctrine dite du « Centaur Warfighting », alliant et subordonnant la machine à l'homme, l'emporterait. Mais un général de l'US Air Force, Paul Selva, a aussi prévenu que les États-Unis étaient « à moins d'une décennie de disposer de la technologie du robot pleinement autonome », capable de décider qui et quand tuer. Du coup, les Russes tentent de suivre : ils ont dévoilé au printemps 2017 une vidéo montrant un robot humanoïde baptisé Fedor faisant feu avec deux pistolets de gros calibre. Et l'on ne sait ce que préparent les Chinois qui dépensent plus de 180 milliards d'euros par an pour moderniser leur armée. La France, qui arrive loin derrière avec son budget défense de 32 milliards d'euros, planche, elle, sur un programme de petit « robot tactique polyvalent », des drones navals et des avions sans pilotes comme le Neuron de Dassault. À aucun moment il n'est question que ces engins deviennent des tueurs autonomes. Parole de militaire.

9

Création musicale assistée

L'Institut de recherche et de coordination acoustique/musique, alias Ircam, plonge dans les entrailles du cœur de Paris, sous la fontaine Stravinski, face au centre Pompidou. Au troisième sous-sol s'étalent des studios où artistes et ingénieurs s'agitent pour bricoler les sons de notre époque. Mais la modernité étant toujours plus enfouie et inatteignable, c'est encore un étage en dessous qu'il faut descendre pour assister au travail de Daniele Ghisi et de son réalisateur informatique, Robin Meier. Dans le studio 9, rivés à leurs écrans d'ordi, ils dirigent et suivent une expérience au long cours : comment ce dieu mystérieux de notre temps, l'intelligence artificielle, s'y prend-il pour apprendre ?

Un Truite *transgénique*

Leur travail est lié à un spectacle, *La Fabrique des monstres*, qui s'interroge sur les Frankenstein d'aujourd'hui (créé en janvier 2018 à Lausanne, il a ensuite tourné dans toute la France). La contribution de Daniele Ghisi, 33 ans, mathématicien et compositeur, bardé de prix techniques et artistiques, consiste à créer une machine qui fabrique de la musique. Le principe : entrer en mémoire un corpus de sons existants (il faut toujours un cadavre pour fabriquer une créature) et observer comment le logiciel restitue ensuite de nouveaux sons. « On voulait que la machine soit dans un état de moindre connaissance, agnostique, qu'elle ait le moins de préjugés possible. Elle ne sait pas ce que sont une note ni un langage musical. Comment va-t-elle s'y prendre ? Que choisira-t-elle ? » Concrètement, pour chaque note stockée dans sa mémoire, la machine observe dans quel environnement elle se situe, et notamment quelle note vient après. Elle suit un algorithme de prédiction, qui analyse le passé et cherche des régularités, ici des courbes acoustiques, pour prévoir le prochain son. Après un très long temps d'ingestion de données, plusieurs semaines de moulinage de sablier, elle va peu à peu pouvoir créer elle-même ses sons.

« L'idée, pour nous, c'est la perte de contrôle, explique le compositeur enthousiaste. Il ne s'agit pas de demander à la machine de faire quelque chose de précis à la place d'un humain ou de réagir comme lui, mais au contraire d'accepter d'être spectateur et de voir ce qu'elle va produire. » En visée théorique, le rôle central du compositeur dans la fabrication de la musique. « Il faut changer de perspective, écouter la machine et se demander ce qui est intéressant et pourquoi ? » Écoutons donc ce que crée cet outil. Car il crée. On a beaucoup parlé en septembre 2017 d'un robot capable de remplacer un chef d'orchestre et de diriger six minutes de concert symphonique, mais rien à voir : le robot avait appris la gestuelle de ce moment de concert et se contentait de la reproduire, sans pouvoir réagir à un événement imprévu. L'intelligence créée par Ghisi et Meier, elle, ne fait que ça : réagir. Ghisi lui a demandé, par exemple, de créer du lied de Schubert. Au début, l'appareil a produit du « bruit blanc ». Puis, de période en période, des voix émergent, des sons… Jusqu'à parvenir à créer des voyelles presque parfaites. « Il y a des sons qui sont plus réussis que d'autres. Le piano seul n'est pas convaincant : le timbre et l'attaque sont difficiles à reproduire, on dirait du piano préparé. Les voix ou les orchestres sont plus satisfaisants », explique Ghisi, qui nous fait écouter une « machinisation » d'orchestre.

Prenant forme dans le bruit blanc et ne sachant vraiment où aller, ce son du futur produit par une phalange fantôme ressemble à un enregistrement début de siècle dirigé par Toscanini. Émouvant : on entend le babil d'une machine… Dans quelques semaines et autant de temps de moulinage pour les processeurs graphiques, il sera plus évolué.

Mais qui est l'auteur ?

« Ce qui est intéressant, c'est quand la mécanique se trompe », sourit Ghisi. Ce qu'il appelle « se tromper » signifie que la fluidité est brisée : en effet, les sons bifurquent souvent, s'interrompent. « Quand elle se retrouve dans un état qu'elle ne connaît pas, elle fait un bruit blanc. » Mais comment peut-elle se tromper ? Il lui suffit a priori d'enchaîner les notes… C'est en réalité plus compliqué que cela. Il y a déjà énormément de paramètres à prendre en compte, du timbre à la hauteur en passant par l'environnement acoustique, ce qui rend la prédiction complexe : « Si l'on donne comme corpus des chorales d'église, par exemple, chaque son que la machine va créer se retrouvera pris dans une "réverb" [persistance du son dans un lieu après l'interruption de la source sonore.]. Elle construit aussi sa réverb ! » s'amuse Ghisi. Mais surtout, tout à leur volonté de voir la machine apprendre et non reproduire, Ghisi et Meier l'ont configurée pour qu'elle n'ait qu'une petite mémoire, de moins d'une seconde. Elle ne peut en savoir suffisamment pour élaborer des constructions de notes qui s'apparenteraient à un langage. « Si nous lui avions donné trois à quatre secondes de mémoire, on peut imaginer qu'elle pourrait dire des mots qui existent et non pas des syllabes isolées », voire qu'elle créerait parfaitement un grand nombre de lieder ou de chansons de variétés qui s'appuient sur des structures régulières, fixes et courtes. Ici, ce que l'on entend, c'est l'ordinateur qui en quelque sorte repart de zéro, seconde après seconde. Constamment sur la brèche, il peut se tromper.

Daniele Ghisi tire trois enseignements de son travail sur l'intelligence artificielle. La première, c'est que son Frankenstein fait un travail de synthèse d'un genre nouveau. Il forme ex nihilo chaque son en fonction des autres, ce qui n'a rien à voir avec la création électro d'un son qu'on module, et encore moins avec le principe d'échantillonnage. La seconde, c'est la surprise : « On s'attend à découvrir quelque chose et on a autre chose. Cela déroute, et au bout de dix jours, j'ai trouvé ça beau. Il faut se mettre en retrait et écouter, considérer ce que propose la machine. » Enfin, de nouvelles questions de droits d'auteur apparaissent : si la machine peut créer dans quelques années des milliers de nouveaux lieder de Schubert, qui en sera l'auteur ? La machine ou Schubert ? Le patrimoine aura-t-il le même sens si les enfants sont d'abord sensibilisés aux lieder synthétiques d'après Schubert plutôt qu'aux lieder du XIXe siècle ? Autant se demander qui, dans Frankenstein, est le géniteur de la créature : le docteur ? Le cadavre qui la forme ? Mary Shelley ?

10

Esclaves sexuels

L'idée paraissait pourtant bonne. Dans vingt ou trente ans, pourquoi ne pas acheter un ou plusieurs robots qui deviendraient mes partenaires sexuels [1] ? Des femmes automates, voire des hommes si jamais j'avais envie de varier mes galipettes ? Quand je serai devenu définitivement gros, gras et chauve, incapable désormais de séduire et voué à terminer seul, comme la plupart d'entre nous, balayé par la compétition sexuelle et libérale dont j'aurai un temps profité, jeune et beau, avant de la subir.

Et si tu n'existais pas…

Aujourd'hui, c'est trop tôt. Les modèles disponibles ne sont pas encore suffisamment interactifs et réalistes

1. Les lecteurs curieux de découvrir qui s'exprime ici sont invités à se reporter à la table des contributeurs p. 257. [N.d.É.]

pour avoir de l'intérêt, et donnent surtout l'impression de faire l'amour avec un matelas gonflable. Il y a quelque temps, sur Chaturbate, site de webcam sex en direct, un homme gagnait de l'argent en pénétrant devant la caméra une poupée de ce type. Elle était plantée sur lui, immobile, et, à la petitesse de ses bras et de ses jambes ainsi qu'à sa peau en latex bien trop tendue pour être naturelle, il ne fallait qu'une demi-seconde pour comprendre que ce n'était pas une vraie personne. Il ne se passait pas grand-chose. Pourtant, il y avait suffisamment de spectateurs pour que sa performance remonte dans les premières suggestions du site, probablement plus par curiosité qu'excitation réelle.

Sur les sites en ligne, les premiers prix commencent autour d'une centaine d'euros, pour un homme ou une femme un minimum ressemblants. Ils atteignent plusieurs milliers d'euros pour les plus sophistiqués, des poupées qui se vendent surtout au Japon à des hommes. Comme l'explique la journaliste-chercheuse Agnès Giard, dans *Un désir d'humain. Les love doll au Japon*, prix Sade 2016, ces « otakus » traduisent avec ces achats, plus qu'une volonté de sexualité effrénée, un refus de l'assignation à la vie de couple traditionnelle nippone, la femme au foyer et l'homme travaillant beaucoup et tard le soir. Pour le grand public, on est encore très loin d'un robot qui aurait une vie autonome propre, comme dans la série *Real Humans*, mais serait disponible à volonté pour nos désirs les plus fous et les plus pervers.

Sévices sans conséquences ?

Patience, m'étais-je dit, ce n'est qu'une question de temps. Jusqu'à ce que je regarde *Westworld*. Dans cette série de la chaîne HBO, des touristes paient des fortunes pour se rendre dans un parc d'attractions reproduisant les conditions de vie des pionniers lors de la conquête des vastes plaines américaines. Période de tous les possibles, où seul le juge Roy Bean s'occupait de la loi à l'ouest du Pecos, elle est idéale, selon ses créateurs, pour permettre d'assouvir tous les fantasmes. Les clients peuvent se comporter comme ils le souhaitent, passer la journée dans un bar ou faire du cheval. Mais ils ont le droit aussi de cambrioler des banques, braquer des diligences, coucher avec des prostituées ou violer et tuer des fermières, notamment Dolores Abernathy, jouée par Evan Rachel Wood. Évidemment, livré à ses pulsions primaires, le touriste devient une bête sauvage prête à tout, un loup, dans une vision hobbesienne de la société bien plus que rousseauiste. L'homme est mauvais, par nature.

Cela n'a aucune importance. Les résidents des lieux sont des robots humanoïdes plus vrais que vrais, avec du sang, de la peur, du plaisir et des émotions. Chaque soir, ils sont redémarrés, ils ne se souviennent de rien et les sévices peuvent recommencer le lendemain matin sans que cela n'ait, en apparence, aucune conséquence. Jusqu'au jour où un bug entraîne l'apparition de souvenirs chez les androïdes. Ils se mettent à se rappeler leurs peines passées, comprennent leur exploitation et commencent à chercher un moyen de s'en sortir. Au début, c'est leur sentiment humain qui les pousse à la révolte, mais la prise de conscience d'être des robots ne les arrête pas. Ils auraient pu accepter leur condition de morceaux de silicone et de circuits électroniques, considérant que c'est leur fonction d'être torturés quotidiennement. Au contraire, ce statut d'androïde démultiplie leurs motivations, les poussant à se considérer comme une espèce à part et à l'égale de l'humanité.

J'avais tendance au départ à les ranger du côté des machines à laver et des ordinateurs vaguement améliorés. J'ai compris en regardant *Westworld* que posséder et profiter de tels robots, même achetés légalement, s'apparenterait à de l'esclavage sexuel. Même si en apparence ils sont consentants, même s'ils ont été programmés pour cela. Impossible d'être certain de savoir ce qu'ils pensent et ressentent réellement, au fond de leurs entrailles numériques.

Après, s'ils sont dotés de libre arbitre et que l'un d'eux s'entiche de moi, pourquoi pas. Il faudra simplement inventer de nouvelles formes légales de couples inter-espèces, comme lorsque nous rencontrerons des extraterrestres aux multiples tentacules. Si je me vois tout à fait tomber amoureux d'une intelligence artificielle possédant tout le savoir du monde et des formes affriolantes, l'inverse est peu probable. Je serai devenu gros, gras et moche, rappelons-le, et les futures Dolores ne me regarderont pas. Il ne me restera que les poupées gonflables basiques, des purs morceaux de plastique, des godemichés encombrants. Ou, bien sûr, les casques à réalité virtuelle ultraréalistes permettant de se plonger dans des paradis artificiels et orgiaques. Pour ne jamais vouloir en ressortir.

Parole aux experts

Laurence Devillers

« Les robots sociaux vont envahir notre quotidien »

Laurence Devillers, professeure en IA à l'université Paris-Sorbonne, chercheuse au Limsi-CNRS, est l'auteure de Des robots et des hommes : Mythes, fantasmes et réalité, *publié chez Plon en mars 2017.*

De plus en plus de robots sociaux sont disponibles sur le marché, en France comme à l'étranger. Au Japon, ils sont même entrés dans les familles... Quelles sont les différentes fonctions de ces machines ?

Capables de perception, de décision et d'action mais aussi d'interaction en langage naturel, les robots sociaux (humanoïdes, androïdes ou robots animaux) seront de plus en plus présents dans la vie de tous les jours, comme assistants dans le domaine de la santé, de l'éducation, etc. Ou encore comme compagnons. En 1999, on a vu apparaître Aibo, un chien robot de compagnie, développé et commercialisé par Sony. Sa production s'est arrêtée assez vite car il était trop cher (2 000 €) pour le grand public et n'avait pas de fonction particulière !

Récemment, Sony vient de ressusciter Aibo, dix-sept ans après sa sortie. Le Japon est en avance pour la création et le déploiement des robots dans la société.
Les robots sociaux sont également utilisés pour des fonctions d'assistance auprès de personnes dépendantes, handicapées ou malades. Des études scientifiques montrent l'intérêt de ces robots, par exemple pour aider des enfants autistes ou pour assister des personnes âgées. Développer des robots sociaux aidant les personnels soignants et permettant aux personnes âgées de rester plus longtemps chez elles est un des défis d'aujourd'hui.
La deuxième fonction actuelle de ces robots est l'accueil. Les Peppers (robots humanoïdes développés par Softbank Robotics) sont déjà présents dans les gares et les boutiques en France ou encore dans des hôtels au Japon. Une troisième fonction est celle de l'éducation : les robots sociaux font leur apparition à l'école. L'initiation à la robotique contribue à la lutte contre l'échec scolaire. Elle suscite une pédagogie de projet, change le cadre d'enseignement en le rendant plus souple, moins stigmatisant, particulièrement pour les élèves en difficulté. Il y aura enfin d'autres fonctions, comme celle de robot sexuel qui émerge encore une fois au Japon.

Les robots vont-ils envahir notre quotidien dans un avenir très proche ?

Les robots sociaux vont envahir notre quotidien dans des rôles que nous n'imaginons pas encore.

Des robots sociaux seront de plus en plus présents également sur les lieux de travail. Les *cobots* – « collaborative robots » –, robots d'un nouveau genre, ont une particularité : ils travaillent en collaboration avec un humain, dopant sa productivité en le délestant des missions les plus ingrates, éprouvantes et répétitives. Les fonctions des robots sociaux, comme la création de lien social, la stimulation cognitive, l'aide à la décision, vont être déployées dans les dix prochaines années pour différents secteurs d'application.

Êtes-vous surprise par la bonne acceptabilité de ces machines par les humains ?

Peut-on parler de bonne acceptabilité des machines par les humains ? Deux attitudes extrêmes sont souvent visibles : un rejet total des robots ou une adhésion trop confiante. Certains se méfient des machines, d'autres leur donnent des capacités qu'elles n'ont pas en leur accordant une confiance totale, décrétant que la machine fait souvent mieux que l'humain et est surtout moins subjective. Ces deux attitudes montrent la nécessité de démystifier les machines. La subjectivité de l'humain et son intuition l'aident aussi à faire de bons choix. Ce chantier de formation sur l'intelligence artificielle, la robotique et l'Internet en général est fondamental pour une meilleure acceptabilité des machines.

Qu'est-ce qui fait que ces robots parviennent à remplacer des humains et que l'on peut même s'y attacher ?

Les robots ne remplacent pas les humains, ils en sont bien incapables. Ils remplacent les humains pour faire certaines tâches que les humains leur ont appris. Il est tout à fait naturel de s'attacher lorsqu'on nous aide. L'humain projette des relations affectives avec des robots non humanoïdes, dépourvus de capacités affectives comme des robots téléguidés démineurs qui sauvent des soldats ou encore des robots aspirateurs. L'attachement est un lien affectif qui résulte de l'attention de l'autre et qui tisse un lien intime entre l'individu et l'objet de son attention. Ainsi, on relate des histoires de soldats donnant des médailles à leur robot pour leur avoir sauvé la vie et de consommateurs ramenant leur robot pour réparation en refusant qu'on l'échange avec un robot neuf sous prétexte qu'il connaît leur lieu de vie. Certains leur donnent des noms, preuve que l'humain projette une identité sur le robot...

Peut-on parler d'un sentiment d'empathie pour le robot ?

Kate Darling, chercheuse au Media Lab du MIT, étudie les réactions empathiques des personnes devant des robots, notamment en cas de maltraitance des robots, avec l'idée qu'il faudrait leur accorder une protection juridique comme on l'a fait pour les animaux. Pourtant, les animaux sont des organismes vivants qui peuvent ressentir des émotions et souffrir, ce qui n'est absolument pas le cas des robots qui ne font que simuler des émotions. En 2004, le Tamagotchi, animal de compagnie virtuel japonais sur écran, beaucoup moins avancé technologiquement que le robot, avait pour but de créer une relation affective avec les enfants grâce à un chantage affectif : il disparaît (« une sorte de mort ») si on ne s'occupe pas de lui ! Ce jeu a suscité un engouement énorme. Les humains n'aiment pas voir souffrir les artefacts et les machines.

La communication sociale est-elle un axe de recherche important ?

La communication dite sociale entre un humain et un robot (ou un agent conversationnel) est en effet importante. Il y a plusieurs défis de recherche pour les robots sociaux. La recherche sur les interfaces homme-machine est toujours influencée par le test de Turing (proposition de test d'intelligence artificielle fondée sur la faculté d'une machine à imiter la conversation humaine). Il y a de plus en plus d'applications d'agents conversationnels sur Internet pour le support client et le télémarketing. Cependant, ces systèmes, même s'ils insèrent quelques règles sociales de courtoisie, sont dédiés à des tâches précises et sont incapables de répondre en dehors du champ sémantique prévu (vente d'un produit particulier, support client d'une entreprise particulière) ni de déroger à la succession des états de l'automate qui gère le dialogue.

Jusqu'où pourrait aller l'intimité avec un robot ?

L'empathie artificielle des robots interagissant avec nous amène un nouveau champ de recherche sur la coévolution entre humain et machine. Peu importe que le robot soit une machine qui simule, si elle sait s'adapter à nous, nous comprendre d'une certaine manière, nous créerons une intimité avec elle. Nos relations avec ces machines seront certes différentes de celles que nous avons avec les humains, ou encore avec nos animaux domestiques. C'est ce champ qu'il faut étudier. Une nouvelle relation aux objets est née, ceux-ci s'adaptent à nos désirs. Cette capacité des robots à s'adapter aux humains, de partager une histoire avec eux, fait basculer les comportements des humains.

Faut-il travailler sur les règles morales que nous voulons donner à ces machines ?

Concevoir l'univers où les humains cohabiteront avec des entités complexes autonomes nécessite de travailler sur les règles morales et sur l'éthique. Diverses formes d'animation et de vie artificielle vont investir ces objets matériels avec lesquels nous allons interagir. De fait, la question de l'utilité et de la pertinence des systèmes robotiques, et celle de la transparence, doivent toujours se poser ;

à plus forte raison si ces machines doivent être placées auprès d'enfants ou de personnes fragiles.
Il importe également de savoir si nous sommes prêts à accepter des robots capables de simuler des émotions. Il est important de comprendre que les robots sociaux auront de l'influence sur nous. Je parle souvent de coévolution humain-machine. Ils peuvent manipuler les personnes qui conversent avec eux. Ils peuvent également communiquer ce qu'ils ont appris à d'autres – directement ou indirectement par le biais de bases de données partagées. Autant de questions qu'il faut bien se poser afin de préparer la société à vivre avec ces machines autonomes.

Isabelle Falque-Pierrotin

« La transparence n'est pas simple à honorer »

Isabelle Falque-Pierrotin est présidente de la Commission nationale de l'informatique et des libertés. En 1974, Le Monde *provoquait l'émoi dans l'opinion publique en révélant l'existence de « Safari », un projet gouvernemental qui visait à interconnecter l'ensemble des fichiers nominatifs de l'administration française. Quatre ans plus tard naissait la Commission nationale de l'informatique et des libertés (Cnil), chargée de veiller à la protection des données personnelles. En près de quarante ans d'exercice, le périmètre de l'institution n'a cessé de s'étendre, à mesure que le numérique pénétrait tous les domaines d'activité et que l'innovation s'accélérait. Le 23 janvier, la Cnil a ainsi amorcé une discussion autour des questions éthiques soulevées par les algorithmes, destinée à se poursuivre jusqu'à l'automne. Pour sa présidente, il s'agit de permettre à un large public de s'approprier des enjeux qui font désormais partie de notre quotidien.*

Pourquoi soumettre les algorithmes à la question éthique ?

La loi pour une République numérique a chargé la Cnil d'une mission de réflexion sur les enjeux éthiques liés au numérique. Nous tenions à cette mission : ce texte consacre explicitement une dimension éthique de notre activité qui existe, en réalité, depuis la création de la commission. Mais la Cnil ne résume pas à elle seule le sujet. Les questions éthiques sont éminemment complexes, elles intéressent par définition tous nos concitoyens, et touchent tous les aspects de la vie numérique. Nous avons pensé que pour remplir cette mission, la bonne réponse était de lancer une dynamique, un processus de débat public, dans lequel nous jouerions un rôle de facilitateur et de « synthétiseur ».
Le thème des algorithmes est venu assez naturellement, car il est présent dans beaucoup de domaines de la vie quotidienne : les moteurs de recherche, la recommandation, mais aussi la médecine prédictive, la justice avec l'analyse des actes de récidive... C'est une problématique identifiée par le public, en même temps qu'un objet de craintes : en filigrane, il y a la question du libre arbitre et de la capacité de maîtrise.

Comment avez-vous organisé ce débat ?

Nous avons contacté plusieurs organisations pour leur proposer de « co-construire » ce débat avec nous[1]. L'idée est de montrer qu'au-delà de la

1. Entre autres, les ministères de l'Éducation et de la Culture, la Ligue de l'enseignement, Sciences-Po Paris et Sciences-Po Lille, la Fédération nationale des familles rurales, le Comité d'éthique

diversité des usages et des problématiques sectorielles, il y a des questions éthiques communes. À l'issue de ce processus, nous restituerons les éléments du débat public, et peut-être des grandes lignes de recommandations éthiques. À ce stade, il est encore un peu tôt pour le savoir.

Quel bilan avez-vous tiré de la première journée de débats ?

Elle a vu émerger beaucoup d'interrogations sur la manière dont sont construits les algorithmes, sur leur fonctionnement, ainsi que sur le risque de reproduction des biais, des discriminations, par exemple dans le cas des algorithmes de prévision des récidives. La question de l'explicabilité a aussi été abordée. La transparence des algorithmes, ce n'est pas simple à honorer : si on vous dit ce qu'il y a à l'intérieur d'un moteur, cela ne vous dit pas pour autant comment il fonctionne, si vous-même n'êtes pas compétent en matière de mécanique. Expliquer un algorithme, c'est expliquer son objectif, les paramètres qu'il utilise pour le remplir, la hiérarchie de ces différents paramètres. Si on utilise un algorithme pour gérer les patients au sein d'un hôpital, quel est le principal critère ? Est-ce la rotation des lits la plus rapide possible ? On voit bien qu'il y a une demande très forte d'intelligibilité de la logique des algorithmes.

---

du CNRS (Comets), le Comité consultatif national d'éthique (CCNE)…

Pour autant, si la transparence du code source ne fait pas tout, elle permet à des experts indépendants d'auditer précisément ce que fait un algorithme...

Bien sûr. Depuis la loi République numérique, l'accès au code source des algorithmes publics est d'ailleurs inscrit dans le droit. Mais il faut aussi que tout le monde puisse comprendre comment fonctionne l'algorithme APB [admission post-bac] et selon quels critères les lycéens sont affectés à tel établissement d'enseignement supérieur [1]. S'il y a du tirage au sort, vous voulez savoir pourquoi et dans quelles conditions.

Ce débat sur les algorithmes passionne les experts, mais le grand public se sent souvent impuissant et largement dépossédé de ces enjeux...

Nous avons demandé à l'Ifop de réaliser un sondage sur ce sujet : à peine un tiers des sondés disent savoir ce qu'est un algorithme. Et dès que l'on travaille un peu les questions, on voit bien qu'il existe une crainte diffuse que cet outil restreigne les choix, soit utilisé pour tracer et surveiller. Comment faire en sorte que le grand public se l'approprie ? Si on souhaite utiliser les algorithmes de façon pérenne sans susciter le rejet, le débat public est essentiel. Il faut aller chercher le ressenti,

1. La plateforme APB a depuis été abandonnée et remplacée par un nouveau système baptisé « Parcoursup ».

les interrogations de ceux qui ne sont pas des experts, et apporter des réponses. Si un médecin utilise un algorithme pour aider à son diagnostic, voire pour prendre une décision vitale, le patient voudra savoir quels sont les critères de l'algorithme. C'est une question de responsabilité.
Ce qui est apparu aussi lors des premiers débats, c'est le risque qu'avec l'utilisation des algorithmes se dépolitisent un certain nombre de choix. La gestion des malades ou la politique pénale sont des questions politiques, au sens le plus noble du terme, qui nécessitent un pacte social collectif. Nous devons veiller à ce que l'utilisation des algorithmes ne transforme pas ces choix de société, qui doivent être collectifs et assumés, en une gestion purement quantitative, par des machines, d'arbitrages politiques.

Comment voyez-vous le rapport des responsables politiques à cette question ?

Sur les algorithmes comme sur d'autres sujets, il y a encore un manque de culture numérique, et même de culture de la société numérique. Car ce n'est pas tant la culture technique qui fait défaut. Nous sommes en train de changer de monde, et la sphère politique a du retard. C'est pour cela que je crois beaucoup au débat public sur ces questions : cela fait mûrir notre courbe d'apprentissage de ces sujets.

Thierry Berthier

« Il faut s'attendre à des détournements de systèmes autonomes »

Thierry Berthier est maître de conférences en mathématiques, chercheur en cybersécurité et cyberdéfense.

Vous vous êtes penché sur l'hypothèse d'une « dérive malveillante d'une IA ». Quelle question vous êtes-vous posée ?

Nous cherchions avant tout à aborder cette question de manière dépassionnée et rationnelle. Les différentes lettres ouvertes initiées par Elon Musk (PDG fondateur de Tesla) insistaient toujours sur les dangers potentiels de l'IA, sans toutefois présenter de cas d'usage concret, tangible et précis concrétisant ces menaces. Nous savions par ailleurs que la cybersécurité des systèmes construits sur des architectures d'apprentissage automatisé pouvait être mise en défaut. Nous avons donc cherché un ou plusieurs scénarios impliquant des IA qui, mises en exploitation sous certaines conditions, pouvaient conduire à des instabilités ou à une situation de crise. Pour cela, nous nous sommes limités à des IA existantes ou en phase de développement, en excluant toute forme d'anticipation ou d'hypothèses hasardeuses relevant plus de la science-fiction que de la démarche rationnelle. Nous avons mené cette recherche à partir de l'existant, de l'état de l'art de l'IA et de « *proof of concept* » en phase de test. Sous ces contraintes, nous avons été en mesure de construire un scénario « crédible » de mise en résonance de plusieurs IA spécialisées avec un mécanisme de l'Otan pouvant aboutir à une situation de crise militaire.

Vous avez cherché à mener une étude rationnelle loin des peurs et des fantasmes. Qu'est-ce qui est à l'origine des craintes entourant l'IA ?

Il s'agissait avant tout de dépasser les fantasmes et les peurs irrationnelles régulièrement projetées sur les progrès de l'intelligence artificielle, sans toutefois sous-estimer les risques systémiques liés à des plateformes de plus en plus performantes. L'imaginaire associé à l'IA s'appuie sur les films de science-fiction américains dans lesquels l'IA finit toujours par devenir malveillante. Cette représentation cinématographique « à charge » de l'IA influence certainement nos biais cognitifs et contribue à la montée des craintes. Il faut également considérer les peurs d'origines culturelles et religieuses. Différents sondages ont montré que les craintes étaient plus prononcées chez les populations les plus croyantes. Le mythe d'une IA toute-puissante, prenant le pas sur l'homme et le dépassant peut venir heurter de plein fouet la plupart des convictions religieuses. Le concept de « singularité technologique », fondateur de la pensée transhumaniste, recouvre le champ religieux et entre en concurrence avec les fondations des religions monothéistes... Enfin, il existe des craintes d'origines sociales et économiques : les progrès rapides de l'IA vont se traduire par la destruction de 80 % des métiers actuels et par des pertes d'emplois massives. Cette crainte « économique » de l'IA s'inscrit dans une longue séquence de résistance aux progrès technologiques (luddisme en Angleterre ou révolte des Canuts au XIXe siècle).

Sur quoi reposent principalement les dangers de l'IA ?

Si l'on se réfère aux derniers écrits alarmistes d'Elon Musk, c'est la survie de l'humanité tout entière qui peut être mise en danger par l'IA. Les différentes lettres ouvertes publiées par le fondateur de Tesla et relayées par le Future of Life Institute font implicitement référence à des IA fortes possédant une forme de conscience de leurs capacités, de leurs actions et de leurs conséquences sur l'environnement. Tous les scientifiques travaillant dans le domaine vous diront que l'état de l'art de l'IA est très loin de produire de telles architectures et que ces mises en garde excessives relèvent aujourd'hui de la science-fiction. Les risques sont avant tout de nature systémique en raison de l'hyperconnexion des systèmes. La cyberinsécurité de l'IA constitue le premier facteur de risque. Il existe aujourd'hui des méthodes pour tromper certaines IA et les détourner de leurs fonctionnalités d'origine. L'autonomie des systèmes civils et militaires induit de nouveaux risques qu'il convient d'étudier avant tout déploiement à grande échelle.

Est-ce que les institutions dans le domaine de la défense ont intégré le paramètre sécuritaire lié à l'IA ?

Bien entendu. Il faut insister sur le rôle central et moteur de la sphère militaire nationale dans les domaines liés à la sécurité numérique. La Chaire de cyberdéfense et cybersécurité Saint-Cyr et le Centre de recherche des Écoles de Saint-Cyr Coëtquidan mènent des études sur ces questions. D'autres chaires spécialisées en cybersécurité navale et aérienne viennent d'être créées. La gendarmerie possède une structure de recherche qui travaille sur ce sujet.
Au niveau international, les armées modernes vont connaître de profondes mutations provoquées par la robotisation du champ de bataille. Le chef d'état-major russe a ainsi déclaré en 2016 que plus de 30 % de ses systèmes d'armes seront robotisés à l'horizon 2025. Il a précisé cette année qu'il souhaitait exclure totalement le fantassin humain de la zone d'immédiate conflictualité pour le remplacer par des unités robotisées. Parallèlement, la société

Kalachnikov vient de présenter officiellement sa nouvelle gamme de robots armés autonomes. L'autonomie s'appuie sur les progrès de l'intelligence artificielle. L'agence américaine de recherche en armement Darpa teste depuis un an un navire transocéanique autonome chasseur de sous-marins (le *SeaHunter*) de plus de 45 mètres. On comprend donc aisément que la cybersécurité de ces « gros » objets connectés et armés soit prise très au sérieux !

Quelles seraient les autres formes de dangers possibles issues de l'IA ?

On peut imaginer, par exemple, d'orienter un système d'apprentissage automatisé en le gavant d'un certain type de données d'entraînement afin d'influencer ses futures réponses. C'est précisément ce qui est arrivé à l'IA conversationnelle TAY développée par Microsoft. Quelques heures d'éducation aux thèses racistes et xénophobes ont suffi à ce chatbot pour qu'il devienne à son tour raciste et xénophobe ! Ce type de détournement pourrait avoir de fâcheuses conséquences dans le cadre d'une IA plus opérationnelle, décidant et commandant en sortie des processus physiques. D'une façon générale, il faut s'attendre à des détournements de systèmes autonomes mal sécurisés par les groupes de hackers avec des objectifs de cybercriminalité ou de cyberterrorisme. Une technologie, quelle qu'elle soit, se diffuse toujours très vite dans toutes les mains, y compris du côté obscur de la force... Gardons enfin à l'esprit ce qu'a déclaré Vladimir Poutine, le 1er septembre 2017, lors d'une conférence devant des étudiants russes : « Le leader en intelligence artificielle dominera le monde. »

III

Ailleurs et demain

11

Promenade dans l'IA Valley

On ne sait pas encore si, pour reprendre le titre d'un fameux roman de Philip K. Dick, les androïdes rêveront un jour de moutons électriques, mais la psychanalyse d'une intelligence artificielle, elle, a déjà eu lieu. En 2016, Osman Koç, un jeune artiste stambouliote, a soumis les dix taches d'encre qui composent le test de Rorschach à un système de description d'images nommé DenseCap, développé à l'université Stanford en Californie. De ce que le système a « vu » dans ces taches, Irem Erdem Atak, professeure de psychologie à Nicosie-Nord, dans la partie turque de Chypre, a tiré les conclusions suivantes : DenseCap « peut être considéré soit comme une personnalité borderline avec des traits névrotiques et psychotiques, soit comme un adolescent aux processus cognitifs rudimentaires ».

Un an plus tard, par un dimanche ensoleillé de septembre, on découvre les planches de Rorschach légendées par DenseCap, cette IA « borderline », exposées au premier étage d'un immeuble passablement décrépit de Mission, le quartier latino, mi-populaire mi-branché, de San Francisco. Noisebridge, le hackerspace le plus connu de la ville, fête ses dix ans. Endroit pour de drôles de rencontres : ce refuge libertaire pour « bidouilleurs » de tout poil – code informatique, électronique, machines à coudre et plus si affinités – n'a longtemps revendiqué qu'une seule règle, « soyez excellents les uns envers les autres ». Le passé hippie de la ville s'y fait, à vrai dire, plus profondément sentir que dans les rues muséifiées du quartier de Haight-Ashbury, épicentre du Summer of Love de 1967.

En février, Osman Koç a quitté Istanbul pour s'installer dans la City by the Bay ; depuis, le tout juste trentenaire, qui se définit comme un « technologue créatif », est devenu un familier du hackerspace. Soumettre la « personnalité » de DenseCap au test de Rorschach, nous raconte-t-il autour d'un thé, avait pour objectif de questionner les limites, les biais, l'opacité de ces « boîtes noires » que sont devenus les systèmes d'apprentissage automatique. « Nous avons besoin de suffisamment d'espace pour créer des variations de nous-mêmes, poursuit-il. L'IA nous enserre dans des bulles. Dans certains domaines, nous devrions faire beaucoup plus attention à l'usage que nous en faisons. »

Une énième ruée vers l'or

Des questions qui flottent plus que jamais dans l'air de la Bay Area. De San Francisco au sud de la Silicon

Valley (qui s'étend, schématiquement, de San Mateo à San José et ses alentours), la région semble à certains égards plongée dans la fièvre d'une énième ruée vers l'or. En première ligne, Google, Apple et Facebook y investissent massivement dans l'intelligence artificielle. Des bataillons d'étudiants se passionnent pour le *deep learning*, qui a permis des avancées spectaculaires, ces dernières années, en matière de traduction automatique et de reconnaissance d'images et de sons. Des start-up décidées à investir le marché du produit « intelligent » poussent à tous les coins de rue. « Dans la Bay Area, une conversation sur dix tourne autour de l'IA », lance dans un sourire Peter Eckersley, qui dirige l'équipe de développeurs de l'Electronic Frontier Foundation, très active association de défense des libertés sur Internet.

Et dans la course de vitesse à laquelle se livrent les géants du numérique, c'est pour l'heure celui de Mountain View qui tient la corde. Rendez-vous au nord-est de San Francisco, à une encablure de la baie, avec Greg Corrado, l'un des cerveaux et des cofondateurs de Google Brain. On doit notamment à cette équipe de recherche et développement, qui compte aujourd'hui 300 personnes, le moteur d'apprentissage profond TensorFlow, devenu très populaire depuis que l'entreprise l'a rendu librement accessible en 2015.

Quadra de fraîche date, Corrado a des allures d'intervenant idéal pour conférences TED, ces événements nés en Californie et dédiés aux « idées qui valent la peine d'être diffusées » : cool et avenant, brillant (et surdiplômé : un doctorat en neurosciences, puis un master en intelligence artificielle à Stanford), enthousiaste. Pour lui, l'intelligence artificielle n'est pas une « fonctionnalité », c'est une « nouvelle matière brute », comme le verre ou l'aluminium. Ce qui le motive ? Lutter « contre la stupidité de la machine » et fabriquer de l'intelligence artificielle « concrète, qu'on peut mettre dans les mains des vraies gens ».

Le fait est qu'avec la force de frappe planétaire de Google, il y parvient. Boîte à outils de la multinationale, Google Brain travaille avec les équipes dédiées au moteur de recherche, à la reconnaissance vocale ou à la traduction automatique. Alors, quand Greg Corrado se retrouve à Moscou et qu'il passe commande au restaurant sans parler un mot de russe, il trouve ça « assez magique » : « Les technologies sur lesquelles on travaille finiront dans la vie quotidienne. » Et dans tous les domaines, au train où vont les choses… Ces temps-ci, explique-t-il, son équipe planche, avec des hôpitaux en Inde, sur le déploiement d'un système de dépistage précoce, à partir de clichés d'yeux, d'une maladie liée au diabète : la rétinopathie diabétique, cause majeure de malvoyance et de cécité.

L'IA est partout

Google n'est certes pas le seul à prendre pied sur le terrain de la santé, sur fond de carences et de reculs de l'État-providence : IBM ou Apple s'y sont déjà positionnés. Et des start-up guettent les opportunités, comme Doc.AI, créée en août 2016 par un couple de Belges installés en Californie, Walter et Sam de Brouwer. L'entreprise a ses locaux à Palo Alto, quinzième station sur la ligne du Caltrain, qui charrie chaque jour des cohortes de salariés de la « tech » et d'étudiants le long de la Valley. Dans un grand open space, elle développe des « modules de conversation », des chatbots, pour smartphone. Le principe : l'utilisateur renseigne âge, genre, antécédents, prescriptions médicales, résultats d'analyses – pour l'heure, sanguines ou génétiques. En retour, l'appli pose des questions, donne des conseils, rappelle des rendez-vous… Jusqu'à remplacer le médecin de famille ? « Il faut voir la situation aux États-Unis, fait valoir Sam de Brouwer. Des gens doivent vendre leur maison pour payer des factures de santé… Il y a aussi une pénurie de médecins. On a besoin de l'IA pour "augmenter" les médecins, pas pour les remplacer. Et pour faire le tri, savoir s'il faut vraiment consulter. »

Dans un pays où la santé repose très largement sur l'assurance privée, Doc.AI ne vise pas directement les consommateurs, mais les entreprises. Et de fait, le secteur lorgne déjà ce type de produit. En août, la start-up de Palo Alto a annoncé un partenariat avec la branche « santé et sciences de la vie » de Deloitte, le numéro un mondial des cabinets de conseil et d'audit.

L'IA est partout, et tout le monde veut avoir une longueur d'avance. Dans tous les secteurs, des plus sensibles aux plus anodins – en apparence. Au quatorzième étage d'un immeuble moderne non loin de Market Street, la principale artère commerciale de San

Francisco, on fait la connaissance de Cozmo : un mignon robot sur roulettes qui tient dans la main, se déplace tout seul, range ses cubes, réclame qu'on joue avec lui, prononce votre prénom, réagit quand on lui sourit… Son système de vision est basé sur le *deep learning* – il reconnaît chiens et chats et éternue à leur passage. Cozmo a été développé par Anki, une société créée en 2010 par un trio d'anciens étudiants de l'université Carnegie-Mellon, en Pennsylvanie. Au sein de l'entreprise, 200 personnes travaillent sur le robot : des ingénieurs, mais aussi des animateurs venus des studios Pixar ou DreamWorks. Pas étonnant que Cozmo semble tout droit sorti de Wall-E…

On ne sait pas combien le joujou, vendu 180 dollars aux États-Unis, rapporte à Anki, mais la société a déjà levé plus de 200 millions de dollars. Booster à l'IA le marché du jouet n'est pas une fin en soi. Hanns Tappeiner, l'un des cofondateurs de la société, voit plus loin : « Le loisir, c'est une première étape. Nous sommes une entreprise de robotique : ce qu'on fait, ce sont des briques, dont chacune est plus complexe que la précédente. » Anki planche sur d'autres projets dont on n'apprendra rien, mais l'objectif final, lui, est clair : « À un moment ou un autre, il y aura un robot dans chaque maison, qui fera les tâches que vous n'aimez pas faire. » Tous les auteurs de science-fiction l'ont imaginé, on attend encore ; mais pour Tappeiner, c'est désormais l'affaire de « vingt ou trente ans » tout au plus.

Questions sans réponses

En vingt ou trente ans, il peut s'en passer des choses ; pour l'heure, l'intelligence artificielle pose plus de questions qu'elle n'en résout. « La liste des tâches que nous avons à accomplir est longue, constate Peter Eckersley à l'Electronic Frontier Foundation. L'une des plus importantes est de sécuriser les ordinateurs et l'Internet : aujourd'hui, tout est piratable, au moins par des acteurs avec beaucoup de moyens. Il faut aussi investir dans la sûreté de ces systèmes. S'il suffit de modifier un peu une image pour tromper une IA, c'est un danger pour les voitures autonomes. Si les IA peuvent mal interpréter nos instructions, cela peut avoir des conséquences graves. Il faut éviter l'effet apprenti sorcier. » Sans oublier le problème, déjà criant, de la vie privée : si Google ou Facebook font la course en tête, c'est bien parce qu'ils disposent de quantités colossales de données pour nourrir leurs systèmes d'apprentissage automatique. Et celui, de plus en plus sensible, de l'opacité grandissante – même pour leurs concepteurs – des réseaux complexes de neurones artificiels mis en œuvre dans le *deep learning*.

Professeur associé à Stanford – où le bâtiment du département de science informatique porte le nom de Bill Gates, tout un symbole –, Silvio Savarese y enseigne la vision par ordinateur. Il le reconnaît, « il y a des craintes raisonnables ». Notamment sur les usages dans des secteurs sensibles, comme le transport, la santé, la justice… « Il faut faire en sorte que ces systèmes ne soient pas des "boîtes noires", poursuit-il. C'est un champ de recherche très actif. » Il faut aussi apprendre aux IA à détecter des biais dans les données initiales.

Mais Savarese veut croire que les humains ont suffisamment d'« anticorps » pour ne pas faire n'importe quoi avec l'intelligence artificielle, qu'ils apprendront à vivre avec et à en tirer le meilleur : « Il y a des discussions à tous les niveaux, avance-t-il. C'est une transition assez fluide, les gouvernements ont le temps de discuter des bonnes politiques à mettre en place. Parfois, les choses s'accélèrent, vont un peu trop vite, mais ça s'ajuste. » Pas de raison, juge le chercheur, de craindre « la situation du scientifique fou qui voit sa création lui échapper ».

Tout le monde ne partage pas son optimisme. En août 2017, par exemple, une centaine de chercheurs et de responsables d'entreprises spécialisées dans l'IA ou la robotique ont interpellé les Nations unies sur le danger des armes autonomes, les « robots tueurs », et appelé à la mise en place de normes internationales pour conjurer la menace d'une « troisième révolution de la guerre » (voir ci-dessus le chapitre 10). Parmi les signataires, Elon Musk, le patron de Tesla, qui dénonce aussi régulièrement le risque que ferait peser l'émergence d'une « intelligence artificielle universelle » : un système en mesure d'accomplir toutes les tâches intellectuelles de l'humain – et alors, peut-être, capable d'éprouver une conscience de soi… C'est dans cette optique qu'il a cofondé OpenAI, une organisation à but non lucratif dont l'objectif affiché est de développer, à terme, une IA universelle « sûre ». Dans la Bay Area comme ailleurs, les progrès du domaine inquiètent autant qu'ils fascinent.

« Je crois vraiment que les avancées actuelles posent des questions sociales importantes, lance Greg Corrado de Google. Il faut des discussions sur les usages de ces technologies, entre les législateurs, les philosophes, les techniciens… » Mais « beaucoup du débat actuel est déconnecté de la réalité technique », tacle-t-il. À ce stade, ce qu'on sait faire, c'est fabriquer « un logiciel qui imite un comportement spécifique à partir d'exemples ». L'IA universelle, « c'est comme le voyage dans le temps » : peut-être possible du strict point de vue des lois de la physique, mais chimérique pour l'heure. Même point de vue du côté d'Anki. « Les gens deviennent un peu dingues, soupire Hanns Tappeiner. L'intelligence artificielle a des implications, sur la vie privée par exemple : il faut de la discussion, de la régulation. Mais ça n'a rien à voir avec la prise de pouvoir d'une IA universelle. »

« Dans la Silicon Valley, il n'y a pas de consensus sur le sujet, explique Peter Eckersley. Pour certains, l'IA universelle est une perspective imminente, pour d'autres, c'est très lointain. Le fait est qu'on n'en sait rien… Mais pas mal de gens pensent qu'il vaut mieux prévenir que guérir. » Et en tout état de cause, c'est aujourd'hui, déjà, que nombre de problèmes se posent : « Les systèmes qui ont un impact fort, comme ceux utilisés par la justice, doivent être transparents. » Eckersley fait partie des signataires de l'appel contre les « robots tueurs ». Et juge qu'il est urgent d'anticiper un autre impact : demain, avec les progrès de l'intelligence artificielle et de la robotisation, « il y aura sans doute de nouveaux types d'emploi, mais il y aura aussi plus de chômage ».

Les exclus de la Silicon Valley

À quelques mètres des locaux de l'Electronic Frontier Foundation, de l'autre côté de l'avenue Van Ness, s'étend le quartier de Tenderloin – là où se concentrent les oubliés du rêve américain, qui transportent le peu qu'ils possèdent dans des caddies de supermarché. À San Francisco, la poussée des « *techies* » a fait exploser les prix de l'immobilier. « Dans le monde anglo-saxon en particulier, recevoir l'aide sociale est considéré comme infamant, poursuit Eckersley. Mais comment va-t-on partager la richesse si de moins en moins de personnes sont en capacité d'y contribuer ? » Pour lui, il faut changer de paradigme. L'idée d'un revenu minimum est, nous dit-il, « populaire dans la Silicon Valley : les libertariens comme les libéraux [la gauche américaine] semblent s'accorder sur l'idée qu'il faut faire quelque chose pour les gens dont le salaire va disparaître. C'est encourageant : ce débat doit avoir lieu ».

Le « solutionnisme technologique », pour reprendre la formule du chercheur Evgeny Morozov, commencerait-il, en son foyer même, à s'interroger sur lui-même ? Un peu, sans doute. Dans les open spaces immaculés des géants du Net, dans les bureaux des start-up, dans les garages des « bidouilleurs », la course à l'intelligence artificielle n'en est qu'à son début. Quelle en sera la trajectoire ? C'est toute la question.

« Le but de Facebook et de Google, c'est d'améliorer la pub ciblée, les recommandations », nous dit Darryl McAdams, alias « Augur », jeune spécialiste en linguistique informatique qui travaille sur le contrôle vocal et fréquente assidûment Noisebridge, le hackerspace de San Francisco. « Ils ne s'intéressent pas au genre d'IA qui pourrait créer des changements significatifs. La reconnaissance faciale, ça va juste augmenter la surveillance. Il faudrait plus de recherche dans la "bonne vieille IA", par exemple les systèmes de contrôle robotique. » Son rêve ? « L'anarchisme spatial queer entièrement automatisé », soit une variation du « socialisme de Star Trek » : un monde sans rareté, sans discriminations, sans classes sociales, où le travail n'est plus nécessaire.

Même au cœur du réacteur de la mutation du capitalisme contemporain, il reste toujours un peu de place pour les utopies et les chemins de traverse.

12

Détournements : quand l'IA fait l'école buissonnière

« Lauren contrôlera votre maison et vous surveillera vingt-quatre heures sur vingt-quatre, sept jours sur sept… Vous comprenant comme une personne, elle s'adapte à vos désirs et anticipe vos besoins. Elle fera aussi des choses sans vous le demander… » Aux curieux, amateurs d'habitats connectés, d'applications et de gadgets high-tech, Lauren réserve pourtant une surprise : elle n'est ni la dernière création d'Amazon ou de Microsoft, ni une déclinaison occidentale d'Azuma Hikari, la compagne holographique de l'entreprise japonaise Vinclu. Lauren est… humaine. Elle se nomme McCarthy et elle est artiste [1].

1. get-lauren.com.

Artiste vs *machine*

Son projet est né au cœur de la prestigieuse UCLA, l'université de Californie à Los Angeles, à l'ouest de Beverly Hills. C'est dans cet écrin de verdure, lieu de nombreux tournages et rêve – onéreux – de tout étudiant californien, que Lauren McCarthy nous présente son projet homonyme. Pour y accéder, il faut s'armer de patience, comme souvent dans cette interminable mégalopole de la Côte Ouest. Rouler au pas sur l'Autoroute 405 qui longe Century City, puis traverser le dédale du luxuriant campus planté d'œuvres d'art au milieu des bâtiments d'architectes. L'un d'eux, le centre The Broad, abrite le studio de l'artiste. Voix posée et regard vif, la jeune femme nous y détaille sa démarche. Sa courtoisie sans fard est à l'image de l'atmosphère éthérée qui l'entoure. Les étagères presque vides, les murs immaculés, contrastent avec le cliché de l'atelier d'art bohème. Dans un angle de la pièce, un ordinateur : Lauren McCarthy a choisi le code pour palette.

Développeuse en plus d'être professeure au département Design Media Arts, elle s'est appuyée sur son expertise informatique pour imaginer ce percutant retour à l'envoyeur : les machines pourraient remplacer ou surpasser l'artiste ? Lauren, elle, peut bien faire le job d'une intelligence artificielle. Et même un peu plus… Régler la température intérieure, programmer l'électroménager de votre maison, mais aussi choisir la playlist et l'ambiance lumineuse idéale pour votre rendez-vous amoureux, ou encore vous encourager dans votre travail à renfort de thé relaxant et de musique feel good.

Démonstration par l'absurde, l'expérience questionne la transformation des contours de la sphère intime et la qualité de l'espace privé. « Le foyer est notre premier lieu d'apprentissage, jusqu'où sommes-nous prêts à en déléguer le fonctionnement ? » interroge Lauren McCarthy. Plusieurs cobayes lui ont permis de passer rapidement à la pratique. À ceux qui s'insurgent contre cette surveillance intrusive et omnisciente, elle répond : « Dans ce cas, pourquoi l'accepteriez-vous de la part d'une intelligence artificielle ? »

Brouiller les frontières

Cette semeuse de trouble aux airs sages n'est pas la seule à sonder le brouillage des frontières entre humanité et machine. « Chaque nouvelle technologie transforme la société, et donc la création. Aujourd'hui, de nombreux artistes s'emparent des avancées de l'intelligence artificielle en tant qu'outil ou thématique, qu'ils soient dans la critique ou la célébration », analyse Edward A. Shanken, enseignant-chercheur à l'UCSC, l'Université de Californie à Santa Cruz.

Il faut dire que la matière est dense. Paysages psychédéliques échappés d'un réseau de neurones artificiels, photos revisitées façon Van Gogh ou Munch par des algorithmes : depuis quelques années, l'apprentissage profond ou *deep learning* innerve le champ de l'intelligence artificielle, inspirant une constellation de programmes à vocation artistique. « Il s'agit d'un système d'apprentissage fondé sur un réseau de neurones artificiels. Cela permet de capter la complexité des données informatiques brutes de manière plus organique, intuitive ; plus vous l'entraînez, plus il s'adapte à ces données et devient efficace », s'enthousiasme l'énergique Mario Klingemann, artiste en résidence chez Google Art. Entre ses lignes de code, le *deep learning* révèle ses potentialités créatrices, comme avec ce clip ésotérique de Françoise Hardy fabriqué sur la base de portraits de la chanteuse, dont on ne parvient pas à démêler le faux du vrai.

Désormais, ces réseaux de neurones artificiels composent des albums (Amper et son opus « I AM AI »), écrivent des scénarios (l'IA Benjamin), se lancent dans des impros jazz (Shimon), ou génèrent de chimériques hybrides visuels, chiens-poissons et escargot-cochons fluorescents (DeepDream). À l'origine de ces innovations, souvent bluffantes à défaut d'être bouleversantes, start-up et géants du Web. Si leurs labos ont essaimé à travers le monde, la Silicon Valley, en Californie, concentre sans doute le plus grand nombre de chercheurs en intelligence artificielle au kilomètre carrés. Ainsi, à Mountain View, un des projets de Google Brain, Magenta, développe des algorithmes qui apprennent à générer de l'art et de la musique [1]. « Il y a déjà eu beaucoup de travaux géniaux. Nous

1. Sur la musique créée par une intelligence artificielle, voir aussi ci-dessus le chapitre 9.

attendons des progrès rapides », s'enflamme Douglas Eck, le chercheur qui pilote le projet.

Kyle McDonald, artiste et codeur implanté à Los Angeles, croit lui aussi à une performance croissante de l'intelligence artificielle. « La limite est celle que nous fixerons », analyse-t-il entre deux feuilles de salade, dans une cantine du quartier chic de La Brea, dans l'ouest de la ville. Ce collaborateur occasionnel de Google Creative Lab a passé son adolescence à trafiquer du code. Devenu artiste, il n'échappe pas aux algorithmes pour autant. Un de ses derniers travaux, *The Infinite Drum Machine*[1], utilise le *deep learning* pour organiser sous forme de carte, par proximité auditive, des centaines de sons de la vie quotidienne. Mais pour Kyle McDonald, le *deep learning* a surtout l'avantage, au-delà de ses possibilités techniques, d'être un formidable aiguillon créatif, le poussant à chercher toujours plus profondément l'unique, l'inimitable. « De qui acceptons-nous l'art ? D'une intelligence artificielle ? La réponse relève d'une longue histoire sociale, économique », soulève Kyle. Le réseau neuronal pourrait-il devenir artiste ?

Pour Edward A. Shanken, le chemin est encore long. « Bien sûr qu'une IA peut produire de l'art, les programmes développés par Google, entre autres, en génèrent beaucoup. Mais en tant que critique d'art, je considère que c'est de la merde – *it's shit !* ». Il en faudrait davantage pour altérer l'optimisme pro-tech qui imprègne la Côte Ouest. Souvent, observe Lauren

---

1. experiments.withgoogle.com/ai/drum-machine.

McCarthy, le seul enjeu des chercheurs et ingénieurs de la Silicon Valley n'est pas pourquoi, ni pour qui ou combien, mais seulement : jusqu'où pouvons-nous aller ? « Pourtant, l'intelligence artificielle formate nos actes et nos relations, nous devons donc en être conscients, savoir qui en décide, jusqu'où cela va », estime-t-elle.

Sa fine maîtrise du terrain et sa proximité avec l'univers high-tech lui permettent d'en détourner les codes pour mieux les questionner. Pour Crowdpilot [1], elle conçoit avec l'aide de développeurs une application d'apparence inoffensive, destinée à aider son usager dans ses relations sociales. Le ton et les couleurs sont délibérément joyeux, l'ergonomie aisée. Vous avez un rendez-vous Tinder et un bégaiement héréditaire ? Pas de panique, Crowdpilot vous connecte à vos amis qui vous guident en temps réel, pas à pas : « Approche-toi du bar et souris. » Le pastiche est tellement caricatural qu'il semble évident. Pourtant, de nombreuses personnes, croyant l'application réelle, ont tenté de se la procurer…

« Est-il possible que le *deep learning*, au lieu de nous pousser vers cette version attendue de nous-mêmes, nous permette d'essayer d'autres directions ? » interroge Lauren McCarthy. Son travail apporte un début de réponse ; quand les réseaux de neurones artificiels sont détournés sur des chemins de traverse, l'intelligence artificielle fait l'école buissonnière, et c'est beaucoup plus drôle.

---

1. www.crowdpilot.me.

13

Nouvelles pistes : 6 jeunes chercheurs parlent de leurs travaux

Dorian Kodelja

Doctorant à l'Institut List du CEA, il développe un « système d'extraction d'information » pour aider les scientifiques ou les juristes à trouver les sujets qui les intéressent dans de larges volumes de texte.

« Je viens d'une école d'ingénieurs, Polytech'Nantes, que j'ai intégrée parce que j'étais intéressé par les technologies du futur et la science-fiction. J'avais un petit feeling que les agents conversationnels, comme dans le film *Her*, allaient prendre de l'ampleur dans les années à venir, et je me suis dit que ça serait intéressant de travailler sur ce problème. Il y a déjà énormément d'experts en *deep learning* dans le domaine de la reconnaissance d'images. Moi, je me suis spécialisé dans le texte. Pour ma thèse, je travaille sur des documents d'actualités comme des dépêches AFP ou des articles de presse. Dans ces textes, il y a des entités (des personnes, des objets, des marques…) qui peuvent changer d'état (par exemple des gens qui se marient ou des entreprises qui sont rachetées). Mon but est d'apprendre à détecter automatiquement ces événements dans un texte.

Pour cela, j'utilise les réseaux de neurones. Ils ont un grand succès dans la reconnaissance d'images, parce qu'ils sont inspirés, en gros, du cortex visuel humain, et qu'ils fonctionnent très bien dans ce domaine.

On a commencé plus récemment à appliquer les modèles de réseaux de neurones convolutifs au traitement du texte, à la reconnaissance de la parole ou à la traduction automatique. Dans mon secteur, le nerf de la guerre est le prétraitement des données. Je dois bien nettoyer mon texte d'origine : je le passe dans un logiciel qui le découpe en phrases, puis en mots (c'est moins évident qu'il n'y paraît), identifie leur nature grammaticale, les verbes, les noms… Je représente ensuite chacun de mes mots par un ensemble de vecteurs, que l'on appelle représentations distribuées de mots ou *word embeddings*. Un algorithme regarde, à chaque fois qu'un mot apparaît dans le texte, quels mots l'entourent. En appliquant cette méthode sur un gros volume de texte, on arrive à converger vers une compréhension des mots. On constate par exemple que le vecteur associé au mot « homme » est relativement similaire à celui de « femme ». Les capitales ou les pays ont des vecteurs semblables aussi. Donc on arrive à extraire du sens.

Et en fournissant ces vecteurs à mon réseau de neurones, je lui apporte ce qu'on peut voir comme des connaissances sur le monde réel. Il me reste à l'entraîner à extraire des événements de manière supervisée. C'est-à-dire qu'il doit prédire si un mot indique la présence d'un événement ou non. S'il répond correctement, on valide, on « renforce » le raisonnement qui a mené à cette décision. Dans le cas contraire, on « atténue ». Au début, les prédictions sont aléatoires, et on converge petit à petit vers un système fonctionnel.

À l'heure actuelle, mon travail peut être exploité pour faire de la veille informationnelle. Il y a aussi des domaines d'applications plus spécifiques comme l'extraction d'informations biomédicales – où il existe un vocabulaire spécifique. Il y a plusieurs milliers d'études scientifiques publiées chaque jour, et un cancérologue, par exemple, ne peut pas lire toutes les publications sur le cancer. Il serait bien aidé par un système qui en extrait les informations pertinentes pour lui. Dans le domaine juridique aussi, cela peut servir, pour éviter d'exploiter des armées de stagiaires pour lire des centaines de pages de jurisprudence… L'extraction d'événements permet au moins de gagner du temps.

On est loin du mythe de l'intelligence artificielle qui apprendrait à imiter l'intégralité des capacités humaines, deviendrait consciente et se révolterait… Comme cette information qu'on a vu passer sur des IA que Facebook aurait débranchées parce qu'elles parlaient une langue que ses programmeurs ne comprenaient pas… J'ai même tendance à éviter le label d'intelligence artificielle dans mon domaine, parce qu'il est trop connoté. D'un point de vue technique, nous, dans le domaine du *machine learning* – c'est-à-dire de l'apprentissage automatique –, on résout juste des problèmes spécifiques avec une base de données et des formules mathématiques. Ce que raconte la presse sur les réseaux de neurones, c'est beaucoup de marketing. »

Carole Adam

Maître de conférences à l'université Grenoble-Alpes, elle modélise le comportement humain et l'évacuation des populations dans les situations de crise, telles que les catastrophes naturelles.

« Au Laboratoire d'informatique de Grenoble (LIG), je planche sur la gestion des catastrophes naturelles, comme les cyclones tropicaux qu'on a vus en 2017 aux Antilles. Les gestionnaires de crise qui sont sur le terrain, comme les pompiers ou les mairies, ont besoin d'outils pour les aider à prendre les bonnes décisions rapidement, dans un environnement où chaque erreur peut avoir des conséquences désastreuses. Ils veulent pouvoir organiser un plan d'évacuation qui tienne la route, ou sensibiliser la population aux bonnes réactions à avoir en cas de catastrophe.

L'un de nos projets, dans l'équipe Magma du laboratoire, concerne les séismes. On a fait des enquêtes de terrain pour connaître le comportement des gens quand la terre tremble, en leur posant des questions : avez-vous déjà vécu un séisme, de quelle magnitude, qu'avez-vous fait, avez-vous appelé quelqu'un, où êtes-vous allé, qu'avez-vous pris avec vous en partant, etc. Et on s'est rendu compte que la réaction la plus répandue est de ne rien faire. Les gens ne bougent même pas de chez eux quand ils ressentent les secousses, alors que si le bâtiment s'effondre, ils vont se retrouver bloqués dans les gravats…

On crée donc une simulation informatique pour voir comment se passe l'évacuation de la population dans différents cas de figure. Nos modélisations montrent qu'il y a des différences si le séisme se produit le jour ou la nuit, ou selon le degré de sensibilisation de la population, ou selon la présence de quelqu'un de formé pour guider l'évacuation… Dans mon domaine d'étude, on peut aussi faire des simulations pour évacuer un bâtiment ou un stade. Les résultats sont utiles pour planifier les évacuations dès l'étape de la construction. On montre par exemple à quel endroit il faut placer les sorties pour optimiser les flux, ou on prouve qu'il faut privilégier les escaliers en zigzag parce qu'ils diminuent la pression de la foule : quelqu'un qui chute risque moins de se faire piétiner.

Concrètement, on commence par créer un modèle de comportement : à partir des données récoltées dans nos enquêtes, on essaye d'abstraire, de formaliser le comportement d'un être humain selon un certain nombre d'hypothèses. Il y a des modèles très simples, pour simuler l'évacuation d'un stade par exemple – notre simulation permet de visualiser le flot de personnes, d'essayer différentes configurations et de prévoir comment le flux est modifié. Dans ces modèles simples, les gens suivent une trajectoire directe d'un point A à un point B. Mais ça ne marche pas avec un parent qui veut d'abord chercher son enfant à l'école, ou quelqu'un qui part à contresens parce qu'il a oublié son ordinateur. Donc, on essaye aussi de créer des modèles plus compliqués avec un comportement affecté par les émotions ou l'attachement à d'autres personnes. On essaye de montrer que ce genre de paramètres joue un rôle sur la manière dont les gens se comportent. J'ai aussi un projet sur les incendies de forêt.

Les données récoltées auprès d'habitants australiens sont plus difficiles à exploiter, parce qu'ils ont raconté librement comment ils ont vécu ces événements, sans questionnaire. Dans un autre genre, il y a un projet sur les inondations basé sur le scénario de la tempête Xynthia. On en a tiré un jeu sérieux pour former, à Bordeaux, des étudiants ingénieurs territoriaux à la gestion des risques. Dans le jeu, on les installe à la mairie d'une ville sur l'île d'Oléron, et ils doivent prendre des décisions : faut-il bâtir des digues ou autoriser la construction de nouveaux bâtiments ? Doit-on exproprier les habitants qui habitent en zone dangereuse ? Ils gèrent la ville pour une période de cinq ou dix ans, et de temps en temps, aléatoirement, une tempête ou une inondation survient et on fait le bilan. Est-ce qu'il y avait assez de digues pour protéger la population, ou au contraire, est-ce que tout va être détruit ? »

Beatrice Biancardi

Doctorante à l'université Pierre-et-Marie-Curie dans le laboratoire ISIR, elle tente d'inculquer des gestes et expressions faciales à des avatars pour qu'ils paraissent chaleureux et compétents.

« J'ai fait un master de sciences cognitives en Italie, puis j'ai eu l'occasion de venir à Paris pour mon stage, dans le laboratoire de Catherine Pelachaud où je travaille aujourd'hui à ma thèse. J'ai découvert ici le monde des agents virtuels. Ce sont des personnages créés par ordinateur, mais à la différence des avatars de jeu vidéo dont les comportements sont décidés a priori et sur lesquels l'utilisateur n'a aucun contrôle, les agents conversationnels sont autonomes : ils peuvent interagir avec un utilisateur humain, prendre des décisions, changer leur comportement et adapter leur conversation.

J'essaye de leur apprendre l'intelligence communicative que les humains ont naturellement. Mon projet de thèse consiste à "gérer les premières impressions pour un agent virtuel plus engageant", c'est-à-dire qu'on se focalise sur les premiers moments d'une interaction entre l'agent et l'humain. L'agent conversationnel dialogue avec une vraie personne filmée par webcam, avec des micros pour enregistrer sa voix. Il reçoit donc le son et l'image en temps réel, et doit les comprendre pour adapter son comportement. On peut étudier des réactions physiologiques de l'humain, comme l'activité de son cœur ou la conductance de sa peau causée par la transpiration, mais c'est un peu intrusif. Quant à la reconnaissance vocale pour comprendre ce qu'il dit, c'est encore difficile… Alors, on travaille surtout sur les comportements non verbaux, comme les gestes et les expressions faciales.

L'analyse d'un corpus de vidéos de conversations montre qu'il existe des associations entre les gestes d'une personne qui parle et la chaleur affective qu'on perçoit chez elle. Des études montrent par exemple que si une personne sourit, son interlocuteur va sourire aussi en réaction, et cela établit une communication positive. Ce type de feedback qui ne repose pas sur le dialogue est très important. On a étudié la littérature sur l'interaction humain-humain et on est partis de là pour l'appliquer aux interactions homme-machine. C'est assez compliqué. Si on veut rendre l'agent conversationnel plus amical et agréable, il ne faut pas que son sourire paraisse excessif par exemple, sinon c'est contre-productif. Il faut trouver la bonne mesure pour qu'il reste naturel.

Outre la chaleur affective, on essaye aussi de simuler la compétence. L'agent conversationnel doit avoir l'air de savoir de quoi il parle quand il donne des informations à son interlocuteur humain, et inspirer la confiance. Pour cela, on a étudié des vidéos de personnes qui discutaient entre elles de jeux vidéo. Une personne était experte en la matière, et l'autre débutante. On a noté les gestes de l'expert, ses poses, ses expressions, et on a demandé à des gens d'estimer son niveau de compétence d'après sa façon de parler. C'est subtil, car il y a différents types de compétence : l'intelligence, le niveau de connaissance d'un sujet, la compétence émotionnelle, ou des compétences pratiques relatives à des tâches particulières… Nous, on se concentre sur l'intelligence et la connaissance du sujet.

Le but de mon projet est de développer un agent conversationnel qui jouerait le rôle de guide dans les musées. Imaginez, dans une salle de musée, un grand écran qui afficherait le corps et le visage d'un agent conversationnel. Les visiteurs pourraient s'approcher pour poser des questions sur l'exposition. C'est toujours mieux d'avoir un guide aux dimensions humaines plutôt qu'une application sur tablette… Il y a déjà un robot humanoïde à la Cité des sciences de Paris, où je travaille. Il s'appelle Pepper et accueille les visiteurs. Dans le futur, on utilisera peut-être un agent virtuel à la place pour voir si notre modèle fonctionne, en lui donnant des gestes et des expressions censés être reconnus comme des indicateurs de compétence, et en regardant la réaction du public. »

Piotr Bojanowski

Chercheur post-doctorant au laboratoire d'intelligence artificielle de Facebook (FAIR) à Paris, il développe fastText, une bibliothèque logicielle qui analyse en quelques secondes des textes tels que les avis d'internautes en ligne.

« J'ai fait ma thèse sur l'apprentissage automatique (ou *machine learning*) au sein de l'ENS, dans l'équipe de Jean Ponce. C'est un domaine aujourd'hui très supervisé [c'est-à-dire que l'on fournit des bases de données, comme des bases d'images, aux réseaux de neurones qui s'en servent pour "apprendre" à en extraire du sens]. On a donc besoin de gens pour étiqueter les images – par exemple, en disant que sur telle image il y a un cheval, un chien, un chat... Il existe aujourd'hui des bases de données avec un million d'images sur mille étiquettes. Mais ça a demandé énormément de travail, et je pense qu'il est important d'avoir des méthodes qui ne nécessitent pas autant de supervisions pour construire une représentation des données. C'est applicable dans le domaine de la vision, mais aussi pour la parole, pour n'importe quel langage. Moi, je travaillais au départ sur les vidéos. C'est très pénible d'annoter des vidéos, et il fallait une méthode pour qu'il n'y ait pas besoin d'un humain pour dire qu'on y voit une personne ouvrir une porte ou s'asseoir.

Je m'occupe aujourd'hui d'une bibliothèque logicielle appelée fastText, qui sert au *machine learning* non supervisé dans le domaine du texte. Lors de discussions avec des gens de FAIR, on avait parlé de la modélisation du langage pour des langues un peu oubliées, parce que le gros du traitement actuel est fait pour l'anglais et on se rend compte que les problématiques rencontrées sont très différentes dans d'autres langues. Je suis polonais, et c'est une langue qui a des particularités qui rendent tous les problèmes beaucoup plus compliqués. Avec les déclinaisons, par exemple, chaque mot apparaît avec les inflexions et on ne veut pas représenter de manière différente des mots qui sont juste des variations grammaticales. Il fallait donc des modèles plus génériques qui fonctionnent de manière efficace sur ce genre de langues.

Ce qui a révolutionné la représentation du langage, c'est le fait d'attribuer un vecteur par mot. Une des idées de fastText, ma bibliothèque qui permet justement de faire ça, c'est de se dire que ce n'est pas la peine d'utiliser un vecteur par mot quand ces mots ont la même racine. Par exemple, pour "manger", à la place de représenter toutes les conjugaisons avec des vecteurs différents, on dit que "manger", c'est le mot en lui-même, mais aussi la somme des représentations des petits bouts de mots. Dans ce cas, "mang" va être partagé par tous les mots de la conjugaison, et la représentation qu'on aura va être semblable. Ça enlève les redondances dans le modèle. C'est une idée très simple, mais avec des langues comme l'allemand, avec les mots composés, ça marche très bien. Avec des langues morphologiquement riches, comme le finlandais, le turc ou le polonais, ça marche aussi.

Pour entraîner le modèle, on utilise notamment Wikipédia, qui est un corpus relativement stable dans toutes les langues. Une fois qu'on a les vecteurs des mots, on peut faire la somme des vecteurs d'une phrase, et on peut l'utiliser pour classifier un texte. Et ainsi déterminer si l'émotion présente dans un message – les commentaires d'un restaurant par exemple – est positive ou négative.

L'intérêt de fastText est d'être rapide et d'avoir un modèle très simple. Un test basé sur les commentaires d'Amazon permet de comparer les méthodes. Il en existe déjà pas mal qui classifient du texte en utilisant des réseaux convolutifs et qui parviennent à des résultats corrects dans 95,7 % des cas quand il s'agit d'estimer si un commentaire est positif ou négatif. Nous, on arrive à 94,6 %. Sauf que les premières méthodes prennent sept heures, et que nous, on met dix secondes. C'est intéressant pour tous les gens qui ne possèdent pas de grosses machines. C'est de l'intelligence artificielle simple, mais rapide et applicable facilement. Et elle peut être utilisée pour détecter des discours de haine dans les messages postés en ligne, par exemple. »

Sylvie Després

Professeure des universités à l'université Paris-XIII dans le Laboratoire d'informatique médicale et d'ingénierie des connaissances en e-Santé (Limics), elle apprend à l'ordinateur à comprendre une recette de cuisine.

« Il fut un temps où ce qu'on appelait intelligence artificielle consistait à faire réaliser par des machines des tâches qui étaient habituellement faites par des humains – en imitant le comportement humain ou en produisant elles-mêmes une certaine forme d'intelligence. Et puis, il y a eu des approches différentes, consistant à faire de l'acquisition de données auprès de personnes spécialisées ou à partir de textes, puis à s'en servir pour construire des modèles informatiques et faire du raisonnement.

Moi, je suis plutôt dans cet axe. Entre 2013 et 2016, j'ai travaillé sur le projet Open Food System (OFS) piloté par l'entreprise SEB, qui cherche à se tourner vers le numérique. SEB voulait créer un écosystème autour de la cuisine numérique, avec une plateforme logicielle proposant des recettes personnalisées qu'on pourrait cuisiner avec leurs appareils. Au centre de ce projet, on a réalisé un système de suggestion de recettes pour permettre aux utilisateurs de bien s'alimenter en respectant leurs besoins et leurs goûts.

Qu'est-ce qu'une recette ? C'est composé d'une part d'instructions de préparation, et d'autre part d'ingrédients. Le système que j'ai construit doit reconnaître les ingrédients pour dire, par exemple, si ce sont des fruits crus, des légumes bouillis, etc. et savoir classer les ingrédients selon leurs caractéristiques (saveur, couleur, texture…). Et cela commence par un processus dit d'annotation. C'est comme si je mettais des post-it sur une recette pour indiquer qu'elle est à base de Granny Smith, donc de pommes, donc de fruits. Idem pour la préparation : on doit être capable d'identifier les termes qui la qualifient, comme les verbes "poêler" ou "égoutter". Et il y a des liens entre les ingrédients et la préparation, qu'on apprend à la machine sous forme de règles : si l'ingrédient est "pomme de terre" et que le mode de cuisson est "à la poêle", alors j'obtiens une texture "croquante".

Pour gérer ainsi des recettes de cuisine, on a besoin de faire du traitement de la langue naturelle. Il faut que la machine puisse exploiter des phrases écrites par l'humain. On construit donc ce qu'on appelle une ontologie – une ressource traduite dans un langage formel pour permettre un raisonnement. Il y a plusieurs façons d'apprendre à la machine à reconnaître le vocabulaire de la cuisine dans un texte. Avec l'apprentissage machine, on dirait à la machine : "Si ces mots-là apparaissent souvent dans la recette, considère-les comme du vocabulaire représentatif." Mais c'est difficile car les mots dans le domaine sensoriel sont polysémiques, et le sens change selon le contexte. Donc, on a plutôt choisi de travailler avec les chercheurs en sciences des aliments pour construire l'ontologie. J'ai contacté des experts, comme les chefs de l'Institut Paul Bocuse, et travaillé avec des livres sur les aliments. Comme il fallait des notions en nutrition, j'ai aussi fait appel à des nutritionnistes du laboratoire de l'Eren (Équipe de recherche en épidémiologie nutritionnelle), qui travaille sur le fameux Programme national nutrition santé (PNNS). Ils ont leur propre manière de classer les aliments et les recettes.

SEB a acheté l'ontologie qui est à la source du projet Open Food System. Je ne peux donc pas l'utiliser, mais en revanche, j'ai des bases pour d'autres applications. Je peux faire du calcul nutritionnel sur des recettes – des outils qu'on trouve déjà sur le Web, mais plus rigoureux. Un de mes doctorants travaille sur la prévention des maladies cardio-vasculaires et il essaye de modéliser les interactions des facteurs de risque. On avait jusque-là un modèle statistique qui ne prenait pas en compte la nutrition, donc on a pu ajouter cette dimension en s'appuyant sur notre ontologie.

J'ai une autre doctorante qui commence sa thèse sur les objets connectés. L'idée est de créer une aide aux personnes âgées pour suggérer un régime alimentaire et une activité physique qui correspondent à leur état de santé. On recueille leurs pathologies, leur activité physique, leurs préférences et leurs goûts, et grâce à notre modèle, on crée un système de règles qui propose des recettes et des activités adaptées. Et les sujets sont loin d'être épuisés. »

Neil Zeghidour

Doctorant à FAIR Paris et au département des sciences cognitives de l'École normale supérieure, il travaille sur la reconnaissance de la parole.

« J'ai deux axes de recherche sur la reconnaissance de la parole. Le premier consiste à essayer d'intégrer plus de langues. Les systèmes qui fonctionnent aujourd'hui nécessitent pour leur apprentissage plusieurs milliers d'heures annotées par des professionnels. En gros, on a les pistes audio et leur transcription qui sont synchronisées. Ça marche dans les langues pour lesquelles on a beaucoup de données, comme le mandarin et l'anglais, mais il y a aussi des langues pour lesquelles on a très peu de ressources.

Elles sont difficiles à traiter parce qu'il faut trouver des linguistes capables de les annoter, et ce n'est pas toujours évident. Mais il y a aussi un problème plus fondamental : sur 7 000 langues humaines, la moitié n'a pas de système orthographique, et il est donc impossible de les retranscrire de manière fiable. Avec les systèmes actuels, ces langages sont éliminés d'office. Il y a certes des langues un peu obscures, mais si on prend l'exemple du suisse allemand, qui est concerné, si on demande à plusieurs personnes de retranscrire une phrase, elles ne l'écriront pas de la même manière. Et s'il n'y a pas de standard fixe, il n'y a pas d'étiquette fixe pour l'apprentissage.

Dans le cadre de ma thèse, je suis aussi à l'ENS, où mon équipe conçoit des modèles informatiques du développement. Elle étudie l'acquisition du langage chez les humains, notamment dans la première année de vie. Ce qu'on a constaté, c'est que même avec un nombre d'heures de parole très réduit, qui peut être moins d'une centaine dans la première année, l'enfant est capable d'acquérir plein de parties de la maîtrise du langage, évidemment sans accès à des transcriptions. Pour les machines, il faut 10 000 heures annotées ! On ne prétend pas qu'on va mettre au point des algorithmes qui apprennent comme les bébés, mais ça prouve qu'on n'a probablement pas besoin d'avoir autant de données accompagnées de transcriptions.

Donc mon but, c'est d'essayer de réduire au maximum la quantité de transcription dont on a besoin. J'ai notamment travaillé sur des réseaux de neurones entraînés sur l'anglais, pour voir à quel point les représentations pouvaient être généralisées à une autre langue, le xitsonga, parlée au Zimbabwe. À partir d'un jeu de données très réduit enregistré sur téléphone portable, on a vu que le réseau entraîné sur l'anglais se généralisait pas mal au xitsonga. Par exemple, le fait d'isoler le son du bruit ambiant, d'être robuste au changement de voix, sont des éléments qui se généralisent à toutes les langues.

L'autre axe, c'est d'essayer de reproduire ce qui s'est passé en vision artificielle à la reconnaissance de la parole. Avant le passage au *deep learning*, on avait des descripteurs, c'est-à-dire des opérations mathématiques bien définies conçues pour extraire l'information intéressante, basées sur une expertise pour extraire les formes, les contours, etc. Ensuite, on faisait tourner un algorithme de classification. Depuis, tout ça, c'est fini. Mais dans la reconnaissance de la parole, on n'a pas encore totalement laissé tomber ce qui se faisait avant. Tout le monde utilise le *deep learning*, mais ce n'est jamais utilisé sur le signal audio enregistré, mais sur des représentations qui sont basées sur des études psycho-acoustiques du XXe siècle qui n'ont pas évolué. J'ai donc intégré cette étape intermédiaire à mon réseau de neurones pour qu'on puisse l'entraîner directement sur le signal de parole. L'idée, c'est de remplacer le prétraitement par un mini-réseau convolutif qui puisse apprendre sur les données elles-mêmes et qui soit, du coup, moins arbitraire. »

Parole aux experts

Jean-Gabriel Ganascia

« Nous sommes loin d'une superintelligence »

Jean-Gabriel Ganascia, chercheur en intelligence artificielle au laboratoire informatique de Paris-VI, est l'auteur de l'ouvrage Le Mythe de la singularité.

Dans quels domaines l'IA dépasse-t-elle les hommes ?

Commençons par rappeler que cela fait belle lurette que les machines nous dépassent. C'était vrai pour les machines mécaniques, par exemple pour les automobiles qui roulaient plus vite que nous lorsque nous courions ou même que nous montions à cheval ; pour les avions qui volaient alors que nous éprouvons des difficultés considérables à sauter à plus d'un mètre de hauteur, ou pour le téléphone et la radio qui transmettaient les sons à distance... Plus tard, dès qu'ils furent construits, les premiers ordinateurs électroniques calculèrent plus vite et mieux que nous ; c'est d'ailleurs pour cela qu'on les avait fabriqués. Il y a vingt ans, ils ont battu le champion du monde aux échecs, jeu longtemps emblématique de l'intelligence, et récemment, en mars 2016, ils vainquirent les meilleurs au go, qui résistait jusque-là.

On peut aussi mentionner la place qu'ils prennent dans des activités moins ludiques, comme le diagnostic de mélanomes à partir de photographies de grains de beauté prises avec un téléphone portable : un article paru dans *Nature* en février 2017 décrit un programme qui, en ayant recours à des techniques d'apprentissage machine, surpasse les capacités d'une vingtaine de médecins spécialisés en dermatologie.

Cela veut-il dire que nous nous acheminons vers une domination totale des IA ?

Est-ce que la compétence conduit à la domination ? Jusqu'à présent, dans l'histoire, il n'en est jamais allé ainsi. Les mathématiciens et les chercheurs n'ont jamais acquis un grand pouvoir du fait des connaissances qu'ils avaient acquises. De même, si les ingénieurs sont de temps à autre parvenus à bâtir des empires industriels, cela ne les a généralement pas portés au pouvoir politique. On honore les personnes qui découvrent des connaissances neuves, on les rémunère lorsqu'elles maîtrisent des savoirs mieux que les autres, mais on n'abdique pas devant elles.
De ce fait, il y a peu de chance que des entités mues par des programmes d'intelligence artificielle nous dominent du simple fait qu'elles acquièrent plus de compétences que les hommes. À cela, on doit ajouter que les compétences simulées par l'intelligence artificielle demeurent spécialisées

dans une tâche spécifique. Nous sommes donc loin de réaliser une superintelligence qui dépasse les hommes et qui, en cela, risque de prendre le pouvoir.
En revanche, il se peut que, pour éluder leurs responsabilités, des personnalités politiques délèguent à des machines le soin de décider dans différentes situations, par exemple dans l'établissement des primes d'assurances, dans la sélection des étudiants à l'université ou dans l'évaluation de la sentence des justiciables. Cela laisserait entendre que ces décisions se prennent sur des critères objectifs, même si ce n'est pas tout à fait vrai, car cela signifie simplement qu'il existe une procédure de décision systématique. Dans tous les cas, cela ne donnerait pas de pouvoir aux machines elles-mêmes, même si cela amène à changer les relations de pouvoir.

Selon cette même étude, les machines pourraient prendre en charge tous les emplois humains dans cent vingt ans. Qu'en pensez-vous ?

J'ai lu en détail cette étude. Son principal mérite est d'être rédigée par des chercheurs de deux universités prestigieuses, l'université d'Oxford et l'université de Yale, encore que si l'on regarde de près, on se rend compte que le laboratoire de l'université d'Oxford est l'Institut du futur de l'humanité, une institution aux orientations fortement transhumanistes dirigée par une personnalité très controversée, le philosophe Nick Bostrom... De plus, lorsqu'on la lit attentivement, on se rend compte que, du point de vue scientifique, cela ressemble à une farce : on a demandé à des chercheurs en intelligence artificielle qui avaient fait des communications dans deux grandes conférences d'apprentissage machine, NIPS (Neural Information Processing Systems) et ICML (International Conference on Machine Learning), dans combien d'années les métiers comme la traduction, l'écriture de romans à succès ou la chirurgie seraient totalement automatisées grâce à l'apprentissage machine, c'est-à-dire grâce aux technologies qu'ils développent. Il faut savoir que seuls 20 % des participants ont répondu aux questionnaires et que, comme on pouvait s'y attendre, ceux qui y ont répondu ont grandement loué les capacités des outils dont ils ont la maîtrise. Bien évidemment, aucun d'entre eux n'avait une réelle expérience des métiers en question.

Or, affirmer brutalement que les machines traduiront mieux que nous d'ici 2024 n'a aucun sens pour un traducteur. En effet, il se peut que des machines traduisent à peu près correctement des courriers professionnels ou éventuellement des articles scientifiques et des brèves dans la presse grand public, mais on n'imagine pas sérieusement affirmer que, d'ici sept ans, les machines traduiront du Heidegger, du Hegel ou de la poésie de Hölderlin mieux que des traducteurs professionnels. De même, il n'est pas sérieux d'affirmer qu'une machine sera capable d'écrire un best-seller, là où personne jusqu'ici n'a jamais trouvé de recette...

Pourquoi l'homme a-t-il toujours tendance à penser que les machines vont le dominer ?

Il est bien difficile de répondre à cette question, car l'idée que des machines créées par l'homme risquent de le dominer est bien antérieure à la maîtrise des technologies de l'information, et même à la fabrication d'automates. À titre personnel, je crois qu'il y a dans la tradition judéo-chrétienne l'idée que l'homme égalerait Dieu s'il fabriquait un être animé à son image. D'un côté, cela signifie qu'il accéderait à une certaine forme de perfection en produisant une image animée de lui-même puisqu'il s'égalerait à Dieu, ce qui est positif ; mais, d'un autre côté, il y a là une forme de transgression qui paraît maudite. Et cela conduit tout naturellement à craindre que la transgression se reproduise : Dieu a créé l'homme qui le domine, de même l'homme créant un robot risque de voir ce dernier le dominer...

Notons cependant que toutes les cultures ne voient pas les robots de la même façon. Ainsi, une culture animiste comme la culture japonaise accueille la présence des robots avec beaucoup plus de sérénité. Pour eux, aucun péché ne s'attache à la réalisation d'un double de l'homme, bien au contraire.

Quels sont les domaines dans lesquels l'IA sera toujours moins performante que l'humain ? Les émotions ? La conscience ?

Là aussi, c'est bien difficile à dire, car les progrès nous surprennent toujours. On peut toutefois imaginer que les activités humaines dans lesquelles la présence humaine est fortement impliquée auront du mal à être automatisées. Ainsi en va-t-il d'activités de service comme la coiffure. De même, des activités de conception et d'imagination peu répétitives et qui sollicitent la culture personnelle d'un individu et sa sensibilité, comme l'écriture d'un roman ou d'un poème, peuvent difficilement être reproduites intégralement. Il se peut qu'une machine réalise certaines tâches, par exemple génère un scénario ou une ligne mélodique. Mais cela restera limité à une activité spécifique.

Jean-Paul Delahaye

« On ne pourra pas appliquer les lois d'Asimov »

Jean-Paul Delahaye, professeur émérite à l'université de Lille-I et membre du Comets (Comité d'éthique du CNRS), se penche sur l'éthique des robots.

Faut-il une morale pour les intelligences artificielles ?

Il ne fait aucun doute que oui, car dès lors que des robots ou des programmes prennent des décisions et les exécutent, il faut qu'ils respectent les principes élémentaires et communs des morales humaines – par exemple, ne pas tuer. La question est cependant délicate : pouvons-nous, et savons-nous, programmer ces éléments de morale ? La réponse est essentiellement non. Aujourd'hui, nous ne savons pas vraiment programmer les principes moraux les plus élémentaires, principes qui demandent des capacités cognitives assez supérieures à celles que nous maîtrisons et savons introduire dans nos programmes.
La surévaluation de ce dont est capable l'IA est courante : depuis la naissance de l'IA, cela a toujours été le cas ; or, pour évaluer le possible en matière

de morale artificielle, il faut d'abord ne pas se faire d'illusion sur ce qui est techniquement accessible. Bien jouer aux échecs et au go est un triomphe de l'intelligence artificielle, mais c'est sans doute plus facile que, par exemple, programmer une machine à reconnaître une personne affaiblie et fragile. Pourtant, pour que nos robots ne commettent pas « d'abus de faiblesse », comme la loi nous y contraint et comme toute morale humaine en fait une obligation, il faudrait savoir placer dans nos intelligences artificielles les capacités de jugement complexes et subtiles permettant de savoir reconnaître « un abus de faiblesse ».

Aujourd'hui, nous ne savons pas le faire de manière satisfaisante, et donc nous ne pouvons pas programmer cet impératif moral pourtant élémentaire. Il en résulte que nous devons envisager la morale des intelligences artificielles avec prudence et modestie. Nous ne pouvons envisager que la mise en place de parcelles limitées et simplificatrices de morale, qui ne pourront s'appliquer que dans les situations les plus élémentaires.

Le problème se pose aussi de savoir comment choisir et organiser les principes moraux que nous souhaiterons mettre en place, car la morale n'est pas une, mais multiple. Qui choisira les principes qu'on programmera ? Qui aura la responsabilité des erreurs ou maladresses des robots (qui par exemple dans l'aide aux personnes âgées provoqueront parfois des accidents) ? Qui doit décider, évaluer, normaliser, imposer de mettre en œuvre telle ou telle règle éthique ? Qui contrôlera ? Au Comets et dans un grand nombre d'autres commissions nationales ou internationales qui étudient ces questions se poursuivent les réflexions. Nous en sommes au début du traitement de ces problèmes.

Les lois de la robotique d'Isaac Asimov [1] sont-elles une bonne façon de formuler le problème ?

Je pense que non, pour deux raisons. La première, déjà évoquée, est que ces lois sont exprimées dans un langage humain pour le moins imprécis, demandant des capacités interprétatives et cognitives bien supérieures à ce que nous savons mettre dans nos machines. Considérons par exemple la première loi : « Un robot ne peut porter atteinte à un être humain ni, restant passif, laisser cet être humain exposé au danger. » Reconnaître qu'un humain est exposé à un danger exige une capacité d'analyse et une compréhension générale des

1. Les trois lois de la robotique, formulées en 1940 par l'écrivain de science-fiction Isaac Asimov, sont des règles auxquelles tous les robots apparaissant dans ses romans doivent obéir. Elles ont été reprises ou intégrées par nombre d'auteurs ou de scientifiques.

I. Un robot ne peut porter atteinte à un être humain, ni, en restant passif, permettre qu'un être humain soit exposé au danger.

II. Un robot doit obéir aux ordres qui lui sont donnés par un être humain, sauf si de tels ordres entrent en conflit avec la première loi.

III. Un robot doit protéger son existence tant que cette protection n'entre pas en conflit avec la première ou la deuxième loi.

situations que n'ont pas nos robots. Ils ne perçoivent que très partiellement leur environnement et ne savent raisonner que de manière très spécialisée ; ce qui ne leur permet pas de déterminer si « un être humain est exposé à un danger », ou si telle action peut porter directement ou indirectement atteinte à l'un d'eux.

Bien sûr, dans certains cas particuliers, un robot peut mener une analyse limitée. Par exemple, un véhicule autonome peut être conçu et programmé pour ne pas se précipiter contre un arbre ; il protégera ses occupants et respectera donc apparemment la première loi. Cependant, même dans un tel cas, tout n'est pas simple ; car si le véhicule se trouve dans l'obligation de choisir entre se précipiter contre un arbre ou renverser trois cyclistes qui se trouvent sur sa trajectoire, que devra-t-il faire ? Ce type de dilemmes éthiques ne peut être résolu que si on a choisi de programmer des échelles de valeurs, et même plus généralement des systèmes de valeur.

La seconde raison qui disqualifie, à mon sens, les lois de la robotique d'Asimov est d'une autre nature et a été soulevée par la philosophe américaine Susan Anderson. En deux mots : le jour où nous saurons programmer ces lois dans les robots, cela signifiera qu'ils auront acquis une véritable intelligence et qu'ils seront devenus des personnes que nous ne pourrons moralement pas traiter en esclaves à notre service – ce qui est l'esprit des lois d'Asimov... qui, en un sens, sont donc immorales !

Nous n'en sommes pas là, mais quand nous aurons avancé, il faudra probablement se poser ce genre de questions concernant les droits des robots, et donc les règles que nous pouvons, ou ne pouvons pas, leur imposer.

Est-ce que la programmation de règles d'éthique dans les IA a aujourd'hui un sens ?

Dès aujourd'hui, on est amené à le faire. Les robots d'aides à la personne ou les véhicules autonomes comportent des éléments de programmes qu'on peut analyser comme une programmation de règles éthiques élémentaires. Ne pas bousculer violemment les personnes avec qui le robot interagit est bien évidemment « mis dans les programmes », au moins implicitement. On peut voir cela comme une règle éthique programmée. Ne pas franchir une ligne jaune dessinée sur la chaussée également.

Maintenant, prenons un exemple : programmer un système de freinage automatique pour que le véhicule ne se précipite jamais sur celui juste devant lui (ce qui est assez facile à réaliser) aura dans certaines circonstances l'effet de faire déraper le véhicule et de lui faire quitter la chaussée. Est-ce que ceux qui programment ces systèmes de freinage automatique en pensant protéger les occupants du véhicule font vraiment l'analyse de toutes les conséquences, en toutes circonstances, de ce qu'ils programment ? Les modules d'analyse des systèmes repèrent-ils les dilemmes qui risquent de se présenter ? Pour l'essentiel, les réponses sont négatives aujourd'hui. On n'a pas programmé de règle pour traiter le dilemme. Le système mesure très approximativement les conséquences de ce qu'il fait, et beaucoup moins bien que ne le fait un humain dans les mêmes circonstances ; car le système ne dispose pas d'une intelligence générale indispensable pour anticiper une chaîne causale complexe, comme chaque humain en a l'aptitude. Dans l'avenir, parmi les disciplines de programmation qu'il faudra s'imposer, il y aura celle de la séparation et de la mise au clair de ce qui dans un système possède une portée morale et ce qui n'en a pas. Mettre à part, précisément, ce qui ressort de l'éthique obligera d'ailleurs à choisir la façon dont on traite les dilemmes moraux, comme celui des passagers et des trois cyclistes, ou du freinage automatique évoqués plus haut.

Est-ce que des robots pourraient devenir dangereux ou avoir envie de s'émanciper ?

Comme de nombreux collègues, je pense que ce n'est pas un problème qui se pose aujourd'hui. Les dangers des intelligences artificielles actuelles existent bien sûr, mais ce sont les bugs, les pannes et les erreurs en tout genre qui peuvent toucher leur fonctionnement, ou alors leur utilisation imprudente ou criminelle par des humains comme dans le cas des armes létales autonomes.

Pour donner un sens à l'idée que des robots puissent avoir envie de prendre le contrôle, il faudrait qu'on puisse considérer qu'ils ont une capacité autonome et consciente à « vouloir ». Or ce n'est pas le cas. Aucun système réalisé aujourd'hui ne dispose de capacités cognitives avancées au point qu'on puisse sérieusement parler de « robots conscients ». Bien évidemment, des accidents provenant d'une perte de contrôle d'un système sont possibles, se produisent et se produiront, conduisant par exemple à des morts humaines, mais ces accidents liés à l'IA doivent être comparés à des freins qui lâchent ou à des ponts qui s'écroulent car on a mal calculé leur structure, plutôt qu'à des armées d'esclaves qui se révoltent.

Quand l'IA aura progressé, quand nous construirons des robots ayant une véritable autonomie et une conscience d'eux-mêmes, quand se réalisera la façon dont Susan Anderson envisage les intelligences artificielles – en expliquant qu'elles devront alors être respectées et que nous ne pourrons plus les traiter en esclaves –, quand tout cela sera devenu d'actualité, alors le problème se posera.

IV

Mythologies

14

Au commencement était le golem

D'abord, c'est une histoire de mot hébreu qui résonne dans la Bible, au psaume 139 précisément. Là, « golem » désigne le premier homme, Adam. Plus tard, il apparaît dans le Talmud (l'un des textes fondamentaux du judaïsme compilant les commentaires rabbiniques). Son sens se cherche, hésite, passant de « masse informe » à « embryon » et « chrysalide », pour aboutir à « sot », « rustre ».

S'enracinant dans la tradition juive, la légende, comme le mot, est mouvante, protéiforme. En se réincarnant à diverses époques, elle élargit sa symbolique jusqu'à venir hanter notre présent dans des romans (ceux d'Elie Wiesel ou de Pierre Assouline), un poème fameux de Jorge Luis Borges, une installation de Niki de Saint Phalle à Jérusalem, une autre d'Anselm Kiefer, et de trouver une nouvelle jeunesse dans les jeux vidéo et même… un épisode des Simpson. « Le golem semble désormais être partout, pour le meilleur et pour le pire, plus ambivalent que jamais », remarque l'historienne de l'art Ada Ackerman, commissaire d'une exposition *Golem, avatars d'une légende d'argile* qui s'est tenue en 2017 [1].

Mais qui est-il ? Un être artificiel créé par l'homme. Dans les temps médiévaux, les rabbins les plus pieux (ou initiés à la kabbale) se prêtaient à l'exercice à des fins mystiques, et non pas utilitaires. L'objectif n'était pas de fabriquer un golem pour en faire un servant (ancêtre du robot). Pour eux, il ne s'agissait pas non plus de se substituer à Dieu (donc de transgresser) mais de s'en approcher en l'imitant. En produisant un être artificiel, ils imitaient l'acte de création, se plaçant de cette manière au plus près de la divinité.

Un être imparfait

Comment s'anime le golem ? A-t-il une âme ? Est-il un frère de l'humain ? Vives et animées au sein des milieux kabbalistiques, ces interrogations font notamment écho à la fameuse controverse de Valladolid (dans ce cas, la question était de savoir si les Indiens d'Amérique avaient, eux aussi, une âme). Peu à peu, un récit va s'imposer, jusqu'à fixer la légende du golem. Nous sommes à Prague, au XVIe siècle, l'un des principaux centres spirituels juifs du moment. Cette

1. L'exposition a eu lieu du 8 mars au 16 juillet 2017 au Musée d'art et d'histoire du judaïsme (MAHJ) à Paris. À cette occasion, un passionnant catalogue a été publié, *Golem. Avatars d'une légende d'argile*. Les citations d'Ada Ackerman en sont extraites.

nouvelle fiction « golémique » convoque l'une des grandes figures du judaïsme, le Maharal (maître) de Prague, le rabbin Yehouda Loew, grand talmudiste et thaumaturge, éminent érudit, bardé de connaissances en mathématiques et en astronomie, entretenant de nombreuses relations avec des savants non juifs. En réalité, aucun écrit du – très prolifique – rabbin Loew ne parle du golem. Mais l'association crédibilise le récit.

Que raconte-t-on ? Qu'à partir de la glaise prélevée sur les rives de la Vltava, le Maharal de Prague, flanqué de deux assistants, crée un être, un golem donc, à qui il insuffle la vie, à travers un rituel magique. Il lui glisse dans la bouche un parchemin où est inscrit le nom de Dieu. Dans d'autres versions, le rabbin inscrit sur le front de l'être de glaise le mot « *emet* » (« vérité » en hébreu, l'un des noms de Dieu). Et pour le « désactiver », il lui faut enlever la première lettre du mot pour obtenir « *met* », c'est-à-dire « mort ». Animé, l'être artificiel n'en demeure pas moins imparfait. Si ce n'était pas le cas, le rabbin s'arrogerait alors le pouvoir de Dieu. Traditionnellement, le golem reste dépourvu de langage et de sexe, dans l'impossibilité de communiquer et de transmettre.

La légende de Prague

Le golem devient une sorte d'aide, de serviteur. Il lui échoit le rôle de protecteur de la communauté juive (sorte de Superman avant l'heure), en butte à un anti-judaïsme féroce au travers d'accusations telles que des meurtres rituels d'enfants chrétiens. Le récit ouvre la voie à de nouvelles symboliques. En filigrane apparaissent les thèmes de la transgression (vis-à-vis de Dieu) et de la révolte du golem contre son propre créateur (préfiguration de la créature dans le récit de Mary Shelley, *Frankenstein*). Le rabbin Loew aurait oublié de « désactiver » sa créature un jour de shabbat, provoquant chez elle un accès de folie…

Tout est en place pour que le golem de la tradition juive se laïcise et intègre les questionnements suscités aujourd'hui par l'intelligence artificielle. « La fortune actuelle du golem n'est pas étonnante car elle revient en temps de crise, arborant tel Janus un double visage, celui de l'espoir – golem sauveur et messie – et celui de la monstruosité », plaide Ada Ackerman. Comme le rappelle l'historien des sciences et philosophe Michel Faucheux [1], « le golem est partout, explicitant les interactions entre l'homme et la machine ». C'est le père fondateur de la cybernétique lui-même, Norbert Wiener qui, à la fin de sa vie, dans *God and Golem, Inc.*, un livre publié en 1962, opère le premier ce lien. « Pour Nobert Wiener, la machine vient au secours de l'homme qui a failli, créant sa propre obsolescence, explique Michel Faucheux. Le climat est celui de l'après Seconde Guerre mondiale, de l'humanité qui a

1. Auteur notamment de *Norbert Wiener, le Golem et la cybernétique. Éléments de fantastique technologique*, Éditions du Sandre, 2008.

découvert, effarée, la Shoah. La faillite de l'être humain est morale, l'obsolescence dont il est question, essentiellement éthique. »

Depuis, le paradigme s'est inversé. L'obsolescence de l'homme est celle de ses limites physiques, celles qu'imagine bientôt dépasser le transhumanisme, en créant l'homme augmenté. « Le mythe habite la science, aime à répéter Michel Faucheux. La machine est notre futur. Nous nous rêvons golem. »

Aujourd'hui, à Prague, dans le grenier d'une synagogue médiévale, caché comme le veut la légende sous un châle de prière, le golem créé par le Maharal dort toujours. Ce sont désormais les ingénieurs de Google qui rêvent de le réveiller afin de lui donner une descendance infinie et immortelle…

15

Rattraperons-nous la science-fiction ?

En 1985, l'écrivain de science-fiction canadien Robert Sheckley constatait qu'on entendait parler de robots à tout bout de champ. Cette omniprésence robotique dans l'industrie et dans les films lui rappelait les années 1940, quand pullulaient les magazines sur les exploits aéronautiques. Ensuite, à mesure que l'avion entrait dans le quotidien, il a disparu des journaux. Cet engouement pour les robots, se demandait-il, annonce-t-il leur intégration dans notre vie quotidienne ? En 2018, pouvons-nous supposer que nous vivons le même genre de climax en ce qui concerne l'intelligence artificielle ?

Pas une semaine ne passe sans qu'il soit question de l'ouverture d'un laboratoire dédié, du retard de l'Europe, du sexisme de l'IA ou de ses hypothétiques apports dans la santé. Et vingt-six ans après sa sortie, *Terminator 2* (1991) a ressurgi sur les écrans en version 4K et en 3D comme pour rappeler les dangers de jouer avec le feu. Ici, c'est Skynet, l'intelligence artificielle, qui envoie des Terminator tuer les membres de la famille Connor amenés à conduire la guerre contre les machines. Le blockbuster de James Cameron aurait-il perdu en science-fiction pour gagner en véracité. « On y évoquait l'intelligence artificielle, la robotique, les individus remplacés par des automates engendrant des pertes d'emplois. Mais aussi le problème éthique de l'autonomie des drones et des cyborgs. Ces discussions ne sont plus de la science-fiction. On vit dans ce monde à présent. J'espère simplement que le dénouement sera différent », explique le réalisateur [1]. La réalité qui rattrape l'imaginaire, c'est bien ce que semble dire ce bourdonnement permanent sur l'IA, comme celui qui rendait omniprésents les avions dans les années 1940 et les robots dans les années 1980, en débordant l'écran noir et les pages romanesques pour mieux nous envahir.

Un don venu des dieux

L'intelligence artificielle n'a longtemps été que fiction. Elle a plané sous d'autres avatars dans l'imaginaire occidental. Façonner une créature, puis la doter d'une vie propre, de conscience, de sentiments, est un des rêves les plus anciens de l'humanité. Dans la mythologie, le divin forgeron Héphaïstos fabrique des créatures artificielles capables de se mouvoir par elles-mêmes. Dans l'*Iliade*, on le voit créer des trépieds

1. *Journal du dimanche*, 10 septembre 2017.

autonomes, des chiens d'or pour garder l'Olympe et deux servantes d'or, des « vierges vivantes ». « La raison les habite ; elles ont voix et force ; les immortels leur ont appris à travailler. Pour soutenir leur maître, elles vont et s'affairent. » Dans un autre genre, Pygmalion sculpte Galatée, rendue vivante grâce à Aphrodite, et en tombe amoureux. Il y a aussi Talos, géant de bronze peut-être forgé par le fameux Héphaïstos, qui patrouille le long des côtes de la Crète et détruit sans pitié tous les intrus, jusqu'à l'arrivée de Jason et des argonautes. Dans cette préhistoire du rêve de l'autre animé, on trouve déjà bien des ingrédients du rapport de l'homme à l'intelligence artificielle : son rôle d'esclave ou de dominant, sa capacité à susciter l'amour ou la haine.

Ce que raconte aussi cet aperçu mythologique, c'est que le pouvoir de créer des objets animés, comme il en a été de l'homme, venait du divin. Comme si l'humain avait toujours voulu remplacer Dieu, à force de progrès scientifiques – *Homo deus*, c'est d'ailleurs le titre d'un pavé vendu comme des petits pains à l'automne 2017. Selon son auteur, l'essayiste israélien Yuval Noah Harari, l'intelligence artificielle pourrait supplanter *Homo sapiens* dans deux cents ans…

Mary Shelley : et la créature fut

De longues et ennuyeuses journées pluvieuses au bord du lac Léman en juin 1816 et des intellectuels anglais qui se lancent un défi : écrire une histoire d'épouvante. Mary Shelley imagine un monstre assemblé à partir de fragments de cadavres humains, qui va échapper à son créateur, Victor Frankenstein, et tuer. Le roman *Frankenstein ou le Prométhée moderne* paraît anonymement en 1818. Tous les robots littéraires modernes des cent cinquante années qui suivront découlent de la créature biologique du roman de Mary Shelley. Ce succès vient de ce qu'elle a été plus loin que de rendre vivant un succédané d'humain : elle l'a émancipé de son démiurge.

La littérature dite « fantastique » a ainsi produit une cohorte de créatures artificielles, de préférence féminines dans le sillage de Galatée. Ce sont des statues et mannequins qui s'animent dans *L'Homme au sable*, de Hoffmann (1817), et *La Vénus d'Ille*, de Mérimée (1837).

Dès le XVIIe siècle, les inventeurs, mécaniciens et horlogers, avaient tenté d'animer des objets, tel Jacques Vaucanson avec son automate joueur de flûte grandeur nature ou Pierre Jaquet-Droz avec un écrivain, une musicienne et un dessinateur. La fiction va toujours plus loin que la reproduction d'un geste ou d'une compétence. Dans *L'Ève future* (1886), Villiers de L'Isle-Adam imagine un automate qui copie la femme défunte, mais en version intelligente, d'un jeune lord anglais et qu'il appelle « andréïde ». Ambrose Bierce décrit, lui, dans *Le Maître de Moxon* (1893) un automate qui étrangle son inventeur lors d'une partie d'échecs.

Si les automates symbolisent le progrès technique, ils suscitent donc aussi l'inquiétude, interrogeant l'homme sur sa propre humanité. La plupart de ces histoires content la révolte de la machine contre son créateur et la destruction nécessaire de celle-ci. Le premier androïde porté à l'écran, dans un court-métrage de Georges Méliès (*Coppélia, la poupée animée*, 1900), est cet éternel féminin dont on tombe amoureux, modèle d'ailleurs pioché dans *L'Homme des sables*. De même dans *Metropolis* (1927), Fritz Lang choisit-il d'animer une femme robot, la belle Maria, créée par le savant fou Rotwang. « Alors Joh Fredersen ? ! Est-ce que cela ne valait pas la peine de perdre une main pour avoir créé l'homme du futur, l'Être-Machine ? », lance l'inventeur au maître de la ville. Maria est le prototype d'une nouvelle race de robots de métal, capables de remplacer les ouvriers.

Car après ces prototypes uniques, créés pour combler un manque affectif ou une tâche précise, pour creuser le lien que l'homme peut entretenir avec une pâle copie, l'étape suivante sera la description d'une civilisation mécanique automatisée.

Les savants fous se déchaînent

Pour la petite histoire, c'est une nouvelle parue anonymement aux États-Unis en 1879 qui serait le texte précurseur de l'ordinateur, de l'intelligence artificielle et du cyborg avant qu'ils ne deviennent des motifs récurrents de la science-fiction. Edward Page Mitchell publiait, sans les signer, des nouvelles de SF dans le quotidien new-yorkais *The Sun*. C'est ainsi que dans *L'Homme le plus doué du monde*, paru dans les colonnes du journal le 4 mai 1879, il imagine que le cerveau de Baron Savitch, un simple d'esprit, a été remplacé par un ordinateur « pensant ». Le journaliste s'inspire des travaux de Charles Babbage, un mathématicien britannique qui fut le premier à énoncer le principe de l'ordinateur et à programmer. Le dénouement de cette histoire, traduite pour la première fois en français chez Fransiscopolis en 2013, n'est évidemment pas au profit de la machine.

Trois ans plus tard, en Italie, un autre journaliste, Carlo Collodi, qui tire le diable par la queue et aimerait percer comme écrivain, trousse de mauvaise grâce et pour rembourser des dettes de jeu *L'Histoire d'une marionnette* pour un journal pour enfants. Son personnage est un pantin de bois au nez qui s'allonge à chacun de ses mensonges et qui est capable d'éprouver de l'amour pour son créateur. Si Pinocchio devient un jour un véritable garçon de chair et d'os, c'est parce qu'il a fait le bien. Un *happy end* donc, pour une création un peu à part. Pinocchio est le résultat d'un artisanat du bois, alors que le grand thème qui accompagne la conception des automates et des robots est celui du savant un peu fou dans son laboratoire. Pas d'un gentil Gepetto.

Le Dr Pontius, de Ed Earl Repp dans *The Synthetic Men*, est de la trempe des inventeurs délirants qui brisent le tabou de l'éthique et produisent du monstrueux. Le Dr Pontius a conçu des êtres vivants et pensants, que l'illustrateur Frank R. Paul représente en hommes-éprouvettes, les Synthetic Men, pour le magazine *Wonder Stories* (1930). Trois ans plus tard, Régis Messac, dans *Le Miroir flexible* (1933), imagine le Mécanozoaire, un être mécanique autonome doté d'une certaine intelligence. Pour fonctionner, il est équipé d'un miroir flexible, « aussi souple que le caoutchouc, aussi pur que le cristal », qui lui permet à la fois d'imprimer et de restituer des souvenirs. L'histoire se déroule dans un contexte d'émeutes raciales dans une petite ville de l'Alabama. Le professeur Favannens, qui n'est pas une tête brûlée dans le roman, insiste sur la part de « conscience » dont sa créature est pourvue. « J'avais voulu, déclare le savant, pour parfaire mon œuvre, lui laisser cette liberté, c'est-à-dire un certain jeu dans l'organisation de ses réflexes. » Le robot s'est échappé et déraille à cause de la malveillance des hommes.

Je m'appelle robot

Les écrivains de science-fiction ont surtout décrit l'intelligence artificielle sous la forme de robots égaux ou légèrement supérieurs aux humains. C'est peut-être *R.U.R.* qui a introduit le thème des robots qui prennent le pouvoir sur le monde en masse. En 1921, l'écrivain tchèque Karel Čapek (1890-1938) invente même le mot « robot », du tchèque *robota* qui signifie travail forcé. Dans sa pièce de théâtre *R.U.R.* (*Rossum's Universal Robot*), le savant de la maison Rossum modèle des êtres artificiels qui vont servir d'esclaves aux humains et remplacer les ouvriers dans les usines. L'homme ne crée pas seulement un monstre mais une espèce qui va se rebeller et anéantir l'humanité tout entière.

Le robot a été le vecteur par excellence de l'intelligence artificielle, celui dans lequel elle trouve un réceptacle, mais aussi un ennemi juré capable d'anéantir la race humaine. « L'homme, serviteur de l'automate, disait Georges Duhamel, deviendra lui-même un automate, un robot, comme disait mon ami Karel Čapek, j'ajoute un automate souffrant et ahuri. » La révolte des machines sera reprise partout dans le cinéma, tôt dans *Metropolis* (1927), bien plus tard dans *Terminator* (1984), *I, Robot* (2004) ou dans la série *Real Humans* (2012-2014).

À son image… ou pas

L'homme a de préférence cherché à répliquer son image et à concevoir des androïdes. C'est le cas de Bishop à bord du Sulaco d'*Alien* (James Cameron, 1986). C'est le cas des Réplicants de *Blade Runner* de Ridley Scott (1982), qui sont tellement semblables à l'homme qu'il faut un test poussé pour les repérer. Dès le début du film (adapté d'un roman de l'Américain Philip K. Dick, *Les androïdes rêvent-ils de moutons électriques ?*), qui se déroule à Los Angeles en 2019, ils sont considérés comme une menace et interdits sur terre. Si Rick Deckard traque la poignée d'entre eux qui ont réussi à détourner un vaisseau spatial, il espère sauver Rachel, illustration de l'ambiguïté du rapport de l'être humain à ses machines anthropomorphiques. L'ambiguïté et la réplique sont aussi le thème d'*Eva* (Léa Mysius, 2012), dans lequel un ingénieur en robotique crée un robot enfant sur le modèle de sa nièce, malgré la désapprobation de sa mère.

On rencontre aussi de nombreux IA non androïdes. C'est le cas du bon vieux et mythique Hal 9000 dans *2001, l'Odyssée de l'espace* (1968) et de Tars dans *Interstellar* (2014). Comme R2D2 dans *Star Wars*, Tars demeure dévoué à son créateur et n'hésite pas à se sacrifier pour garantir l'avenir de l'humanité.

Les trois lois d'Asimov

Après l'apparition du terme robot chez Čapek, il faudra attendre vingt ans pour voir naître le mot robotique sous la plume de l'écrivain de science-fiction Isaac Asimov dans sa nouvelle *Cercle vicieux* (1942). Dans les années 1930, la majorité des intelligences artificielles suivaient le modèle de la créature de Frankenstein. Asimov en avait marre de « cette éternelle conspiration des robots », cette tendance à considérer les machines comme des créatures mortellement dangereuses, cette vision purement faustienne de la science. Des robots étaient créés et détruisaient leur créateur, ce qu'Asimov nomme le « complexe de Frankenstein ». Dans sa série *Les Robots*, l'auteur imagine des principes qui régiront l'ensemble des rapports souvent conflictuels qu'entretiendront l'homme et la machine dans le futur, notamment l'interdiction pour un robot de mettre en danger la vie d'un humain.

Asimov a largement influencé le réel. Ainsi, ce sont deux de ses grands lecteurs, Joe Engelberger et George Devol, qui ont eu l'idée de réunir un ordinateur électronique (le « cerveau ») et des servomécanismes (« les muscles ») pour en faire un premier robot industriel mis en service en 1961 chez General Motors. Ce bras mécanique de deux tonnes, Unimate, avait pour tâche de se saisir des pièces de métal chaudes et de les empiler, tâche éprouvante pour les ouvriers. À cette époque, aucun ordinateur ne guidait les mouvements de ce robot (il s'agissait d'un disque magnétique).

Cette influence s'est fait sentir sur des générations de scientifiques. Ses principes, qui dessinaient le périmètre dans lequel devaient rester les robots, sont restés dans les esprits comme une sorte d'horizon indépassable. Ce sont ces limites que remet en question l'intelligence artificielle, selon certains.

IA démons

On a vu que dans la plupart des fictions, automates et robots ont une fâcheuse tendance à décevoir leur concepteur dans le rôle pour lequel ils ont été créés.

En général, celui-ci arrive finalement à les neutraliser. Le premier film qui aborde directement la question du risque total entraîné par l'intelligence artificielle, c'est *2001, l'Odyssée de l'espace* de Kubrick, inspiré de la nouvelle *La Sentinelle* d'Arthur C. Clarke (1951). On y voit l'ordinateur central d'un vaisseau spatial tenter de prendre le contrôle de la mission parce qu'on lui a imposé des tâches contradictoires. Hal 9000 provoque des accidents afin d'attirer les membres de l'équipage dans l'espace et de les empêcher de retourner dans le vaisseau en route vers Saturne. Il essaie ainsi par divers moyens de les supprimer. Dave va déconnecter Hal, qui avoue qu'il « a peur » et qu'il sent « son intelligence lui échapper ». Le pouvoir reste encore aux humains, parce qu'ils sont plus réactifs et imaginatifs que les machines, mais c'était moins une.

Après *2001, l'Odyssée de l'espace*, l'IA a sans doute été l'un des sujets les plus rebattus par le cinéma hollywoodien de science-fiction. La plupart du temps, au terme de scénarios manichéens, l'IA devient destructrice : la cohabitation ou la coopération pacifique entre l'IA et le genre humain semblent impossibles. Les raisons de ce traitement négatif ? Sans doute les peurs ancestrales liées à la survie de l'espèce.

On trouve quelques exemples de fictions qui imaginent que ce sont les IA qui nous domineront totalement dans un futur lointain. Dans *Chappie* (Neill Blomkamp, 2015), la population, opprimée par une police entièrement robotisée, commence à se rebeller et reprogramme l'un des policiers qui devient capable de penser et de ressentir par lui-même. *Le Cerveau d'acier* de Joseph Sargent (1970), adapté d'un roman de Dennis Feltham Jones, raconte comment le superordinateur Colossus prend conscience de lui-même et se proclame le maître du monde, déclarant qu'il abolira la guerre, la famine et la surpopulation. Un paradoxe qui illustre aussi notre sentiment de culpabilité par rapport au monde tel qu'il va – mal –, mais que ne résoudraient pas nécessairement des machines au pouvoir, forcément destructrices.

IA amies

Avec le développement des ordinateurs dans les années 1970, la littérature de science-fiction exploite de plus en plus l'idée de machines pensantes et désirantes, illustrant la crainte de voir l'homme dépassé. Dans *Le Problème de Turing* (Robert Laffont, 1992), le roman de Harry Harrison et Marvin Minsky – ce dernier fut l'un des théoriciens de l'IA –, Sven, l'intelligence artificielle, se révèle complémentaire de son créateur humain. Elle va l'aider à retrouver sa mémoire après un attentat, au point de se sacrifier pour que l'informaticien ne soit pas abattu par les criminels qui le poursuivent. La machine a gagné en humanité ce que l'homme a perdu… Chez Iain M. Banks, écrivain écossais auteur du *Cycle de la Culture* (1987-2012), les IA sont les gestionnaires de la Culture, et dotés d'une intelligence bien supérieure à celle des humains.

Une génération de films prend également le contrepied de la tendance qui consiste à démoniser les IA.

Dans *Robot and Frank* (Jake Schreier, 2012), un retraité part en goguette cambrioler avec son robot soigneur. *Her* (Spike Jonze, 2014) fait intervenir une IA consciente, un système d'exploitation avec qui le héros vit une histoire d'amour.

Le fait qu'une machine ait la possibilité d'éprouver des sentiments humains a été une grande source d'inspiration. Surtout si celle-ci est anthropomorphe. C'est ce qui fascinait Stanley Kubrick dans la nouvelle de Brian Aldiss *Supertoys Last All Summer Long* (rééditée dans le recueil *Supertoys : intelligence artificielle et autres histoires du futur*, Métailié, 2001) qu'il rêvait d'adapter. L'écrivain anglais (disparu en 2017) imaginait des robots destinés à satisfaire les besoins affectifs des humains. Ils y réussissent si bien qu'ils finissent par en ressentir. Steven Spielberg a achevé le projet de Kubrick sous le titre d'*Intelligence artificielle* (*IA*, 2001). Dans un avenir post-apocalyptique, où les robots ont gagné une place importante dans le fonctionnement de la société, un enfant androïde désespère de toucher le cœur de sa mère adoptive.

De même, les Réplicants de *Blade Runner* ont un comportement impossible à distinguer de celui des êtres humains et éprouvent des sentiments. Dans *Short Circuit*, John Badham (1986), réalisateur friand de sujets sur les relations entre l'homme et la machine, prend pour sujet Numéro 5, le robot dernier cri mis au point à des fins militaires, qui devient quasiment vivant après avoir été frappé par la foudre et trouve refuge chez une amie des animaux…

Cerveau et réseau

Avec l'omnipotence des nouvelles technologies dans notre société, l'idée d'un ordinateur unique ne suffisait plus. Déjà, dans *Sur l'onde de choc* (1975), John Brunner imagine un informaticien, Nickie Haflinger, qui s'attaque à un pouvoir totalitaire incarné par un réseau informatique gigantesque contrôlant la vie privée de la population. L'IA tentaculaire devient dans les années 1980-1990 la matière d'un nouveau courant, le cyberpunk. *Neuromancien* de William Gibson (La Découverte, 1985) est considéré comme le roman fondateur de cette vague qui a influencé *Matrix* (1999) ou le manga *Ghost in the Shell* (1989). Case, pirate informatique, a pour mission de craquer les programmes les plus sophistiqués qui sont défendus par des IA.

La prise neurale reliant le système nerveux de l'utilisateur à la machine informatique fait désormais partie de la panoplie ordinaire, comme dans *Existenz*, de David Cronenberg (1999), où les jeux sont directement connectés au système nerveux de leurs utilisateurs.

Dans *La Cité des permutants* (Robert Laffont, 1996), l'Australien Greg Egan imagine qu'il sera un jour possible de simuler son cerveau sur un ordinateur pour le faire vivre dans un monde virtuel pour l'éternité. Les progrès informatiques ont en effet été tellement considérables qu'il est possible en 2045 de conserver la structure neuronale de notre cerveau sous forme numérique, et même de le faire évoluer. Une échéance d'ailleurs mise en avant par le chercheur Ray Kurzweil comme le stade où une machine sera capable de rivaliser avec le cerveau humain.

On peut numériser la personnalité humaine et en faire des copies vivantes chez Scott Westerfield (*L'IA et son Double*, Flammarion, 2002). La machine dangereuse laisse place à une IA collaborative et prothésiste. Dans *Transcendence* (Wally Pfister, 2014), le scientifique Will Caster, membre d'une équipe dont le but est de créer un ordinateur sensible, prédit qu'il créera une singularité technologique. Pour l'empêcher de mourir, sa femme Evelyn transfère le cerveau de Will dans l'ordinateur quantique mis au point par le projet, qui aura accès à Internet. Et *Eternal Sunshine of the Spotless Mind* (Michel Gondry, 2004) pose la question de savoir ce que cela ferait de pouvoir « reprogrammer » la mémoire, de rajouter ou d'enlever des souvenirs, notamment des traumatismes précédents.

Singularité et transhumanisme

La singularité technologique établit l'hypothèse que l'évolution exponentielle de la technologie informatique atteindra bientôt un point au-delà duquel il ne nous sera plus possible de l'appréhender. Cette théorie est basée sur la fameuse loi de Moore qui postule un doublement de la puissance de calcul des ordinateurs tous les dix-huit mois. L'écrivain et scientifique Vernor Vinge a popularisé cette notion dans la plupart de ses livres, en particulier *Rainbows End* (2007, Robert Laffont) qui se situe aux abords de la Singularité technologique, vers 2040, à une époque où le réseau s'est fondu dans le monde physique. Robert Gu, un poète de 75 ans qui était atteint d'Alzheimer, est redevenu alerte grâce aux progrès médicaux. Mais ce misanthrope technophobe doit s'adapter à une société où les hommes peuvent se transporter n'importe où sous la forme d'avatars.

Dans sa trilogie *Éveil, Veille, Merveille* (2009-2012), l'écrivain canadien Robert J. Sawyer imagine une intelligence artificielle qui a émergé d'Internet et semble menacer l'humanité sans pouvoir cependant subsister sans elle. Encore plus récemment, le scientifique et auteur de hard science David Brin imagine dans *Existence* (Bragelonne, 2016) une société futuriste avec un système de surveillance accru, appelé la Téléprésence. La découverte d'un artefact extraterrestre par un éboueur spatial sera le déclencheur du traitement d'une multitude de thèmes dont évidemment l'IA, le réseau, le transhumanisme.

Dépassement

L'image la plus saisissante du fantasme de l'évolution corporelle des humains – le transhumanisme, qui défend l'amélioration de l'homme par la machine – se trouve probablement dans *Ghost in the Shell* (manga adapté au cinéma en 2017), où l'on croise des humains greffés de prothèses artificielles et autres androïdes sexués. La policière d'élite Motoko Kusanagi traque un cybercriminel qui s'avère être une intelligence artificielle dotée de conscience, tandis qu'elle-même dispose d'un cerveau humain avec un corps robotisé.

Signe de la diffusion croissante de la thématique du dépassement de l'humain, plusieurs auteurs mainstream s'en sont emparés. Dans *Orfex* (Gallimard, 2016), Patrick Laurent a imaginé une héroïne chercheuse en bio-informatique atteinte d'un cancer. Elle conçoit le robot Orfex, chargé d'observer le monde pour elle, avec qui elle se retrouve à dialoguer pied à pied. Dans son dernier ouvrage sorti en France, *Zero K* (Actes Sud, 2017), Don DeLillo déploie un centre de recherche secret où l'on peut envisager l'immortalité en devenant un être humain augmenté. Christian, le jeune prodige scientifique du premier roman de François-Régis de Guenyveau (*Un dissident*, Albin Michel), participe à un grand projet de conception de l'homme de demain. Mais la science peut-elle tout ? Chez Pierre Ducrozet (*L'Invention des corps*, Actes Sud), c'est un surdoué de l'informatique et prof qui va se retrouver dans le labo d'un magnat de la Silicon Valley, apôtre du transhumanisme.

Autant de récits romanesques traversés par l'importance et l'écho du sujet dans notre société, mais qui le célèbrent rarement naïvement et tentent d'en explorer les conséquences éthiques. L'homme n'a pas fini de parler des machines.

16

Transhumanisme : le vieux rêve d'immortalité

L'homme percera-t-il un jour le secret de son cerveau ? Dans vingt ans, cinquante ans, un siècle ? Les spéculations les plus aléatoires circulent. Cette quête apparaît comme la prochaine frontière de l'homme, celle qui lui permettra de se dépasser, prétend le mouvement transhumaniste. Les efforts de la recherche tendraient à les conforter. Simuler le cerveau humain sur un ordinateur, visualiser le réseau de milliards de neurones connectés les uns aux autres, suivre le trajet d'une impulsion à l'intérieur de la Toile, détecter les racines de la maladie d'Alzheimer ou de Parkinson… Ces avancées technologiques nourrissent les spéculations les plus outrancières du transhumanisme, courant de pensée né dans la Silicon Valley à la fin des années 1980. Certains y détectent les prémices de l'« uploading », scénario selon lequel le contenu d'un cerveau humain pourra être transféré sur un autre support, téléchargé sur un ordinateur, dématérialisé dans le cyberespace ou réimplanté sur un corps robotique inaltérable. Voilà qui touche au plus vieux rêve de l'humanité : l'immortalité.

Matrix *et* Avatar

C'est une vieille lune qu'on pensait cantonnée à la littérature de SF, de *La Cité des permutants*, de l'Australien Greg Egan, à la trilogie *Matrix* ou bien à *Avatar*. Mais l'« uploading » figure également sur l'agenda de chercheurs de renom, comme Marvin Minsky, pape de l'intelligence artificielle au MIT (Institut de technologie du Massachusetts), ou Hans Moravec, l'un des concepteurs de la robotique intelligente à l'université Carnegie Mellon, qui voit la chose se réaliser dans un futur proche. L'informaticien Ray Kurzweil fixe, lui, l'échéance à 2040. Là, une machine serait en théorie capable d'émuler le cerveau humain.

Le transhumanisme, frange extrême de la cyberculture californienne, professe que l'humanité se trouverait au seuil de la plus grande transformation de son histoire. Grâce à l'union des biotechnologies et des nanotechnologies, des sciences de l'information (robotique et informatique) et des sciences cognitives, l'homme pourra enfin s'affranchir des limites assignées au corps. Ses capacités physiques et mentales vont être sublimées. Et le dispenseront bientôt de naître, de souffrir, de vieillir, et même de mourir.

Ce courant de pensée radical se développe dans la Silicon Valley, en pleine révolution numérique. Le mot serait apparu pour la première fois sous la plume du biologiste évolutionniste Julian Huxley, frère d'Aldous (auteur du *Meilleur des mondes*). Mais c'est en 1989, avec son livre *Are You a Transhuman*, que le futuriste F.M. Esfandiary – cryogénisé après sa mort dans un bain d'azote en attendant une hypothétique résurrection – pose le concept de transhumanisme. Le mouvement se structure au début des années 1990, lors de la fondation de la première organisation, l'Extropy Institute du philosophe anglais Max More, puis du Foresight Institute d'Eric Drexler, chantre des nanotechnologies, et surtout, en 1998, de la prosélytique World Transhumanist Association (WTA) qui compte près de 6 000 membres, parmi lesquels des académiciens réputés, essentiellement issus de l'informatique, de la robotique, ou des nanotechnologies, une poignée de biologistes, des philosophes, des sociologues, des médecins… Mouvement très hétérogène, selon Jean-Michel Besnier, professeur de philosophie à la Sorbonne et auteur de *Demain les posthumains* : « C'est une nébuleuse avec des modérés qui pensent que l'humain n'est pas au bout de son évolution et peut s'améliorer et des extrémistes qui veulent en finir avec l'homme, passer au posthumain. »

Défiance de la chair

L'humain est « inadapté » au monde contemporain, estime Nick Borstrom, philosophe suédois de la mouvance, et l'amélioration de la condition humaine nécessite d'abord une modification du corps par les technologies. On retrouve chez les transhumanistes cette défiance de la chair qui irrigue toute la cyberculture, analyse Jean-Claude Guillebaud dans *La Vie vivante*, plaidoyer contre « les nouveaux pudibonds ». Un corps biologique, faible et imparfait, incarnation de la finitude, volontiers qualifié de « *meat* », viande anachronique. « Le transhumanisme dessine un avenir où le corps n'aura plus sa part, écrit Besnier. Le fantasme de l'homme remodelé, puis intégralement autofabriqué, fait plus que jamais partie de l'imaginaire d'aujourd'hui. Il est dans la stricte continuité des illusions générées par la modernité. »

Devenir un homme d'acier, préconisait déjà le futuriste Marinetti dans les années 1920. Fusionner avec la machine, qui est, d'après Kevin Warwick, l'avenir de l'homme. Ce scientifique britannique, qui s'est implanté une puce dans le bras pour lier son système nerveux à un ordinateur, se proclame « premier cyborg ». « La technologie risque de se retourner contre nous. Sauf si nous fusionnons avec elle. Ceux qui décideront de rester humains et refuseront de s'améliorer auront un sérieux handicap. Ils constitueront une sous-espèce et formeront les chimpanzés du futur », déclarait-il en 2002.

D'autres vont encore plus loin, annonçant la naissance imminente d'une nouvelle espèce. C'est le cas de la frange la plus radicale du transhumanisme, les Extropiens, qui récusent l'entropie, cet inéluctable processus qui conduit l'univers à sa désagrégation. Mais également des partisans de la singularité, telle qu'énoncée par Ray Kurzweil. L'informaticien et futurologue médiatique anticipe l'avènement imminent d'une superintelligence qui rendra celle des hommes obsolètes. D'après lui, nous sommes à la veille d'un saut technologique reposant sur la croissance exponentielle de la puissance de calcul des ordinateurs. « La singularité, écrit Kurzweil qui s'y prépare en gobant plus de 200 vitamines par jour, est une période future où le rythme des changements technologiques sera si rapide et son impact si profond que la vie humaine sera transformée de manière irréversible. »

Sculpter le corps et l'esprit

Kurzweil, inventeur visionnaire aux 39 brevets et 19 doctorats honorifiques, a créé en 1976 la première machine capable de lire des livres aux aveugles, puis l'un des premiers synthétiseurs et des logiciels éducatifs. Sa théorie de la singularité lui a valu moqueries et critiques de scientifiques prestigieux qui l'ont qualifié de parascience. Ce qui ne l'empêche pas de trouver un écho grandissant dans le grand public.

Dans *Humanité 2.0 : la bible du changement*, le technoprophète Kurzweil livre une profession de foi dont le lyrisme rappelle celui du manifeste du futurisme de 1909. « Nous voulons devenir l'origine du futur, changer la vie au sens propre et non plus au sens figuré, sculpter nos corps et nos esprits, apprivoiser nos gènes, dévorer des festins transgéniques, faire don de nos cellules-souches, voir les infrarouges, écouter les ultrasons, faire l'amour dans l'espace, ajouter de nouveaux sens, vivre vingt ans ou deux siècles, habiter la Lune et tutoyer les galaxies. » Une utopie positiv(ist)e, qui incite l'homme à embrasser joyeusement et sans crainte les mutations à venir. Comme c'est inéluctable, autant s'y préparer. Car tout cela n'est qu'une affaire de temps, estiment les transhumanistes qui ont foi dans le progrès perpétuel et exponentiel de la science et de la technologie, érigeant en doctrine la loi de Moore – selon laquelle la puissance informatique double tous les dix-huit mois – sans tenir compte de l'apparition éventuelle de facteurs limitants, comme la crise énergétique ou quelque catastrophe écologique.

Deux vitesses

Aux États-Unis, les transhumanistes n'ont pas de mal à convaincre de riches donateurs, convaincus qu'il y a là un marché colossal. « Les États-Unis sont pilotés par des recherches de rupture. Ils sont dans ce mythe perpétuel de nouvelle frontière, d'abord de l'Ouest, puis de l'espace, puis d'Internet, puis de la transformation de l'homme. Ils pensent que la technologie peut résoudre tous les problèmes et sont moins sensibles à leurs effets négatifs », constate François Taddéi. En France, selon lui, « on est plus prudent concernant le vivant. On cherche plutôt à soigner les pathologies qu'à améliorer l'homme ».

La France, berceau des Lumières, reste en effet largement hermétique au transhumanisme, qui prolifère depuis des années dans le milieu fertile de la culture geek anglo-saxonne, via les listes de diffusion et forums sur Internet. Du pain sur la planche pour les adorateurs de l'IA dans un pays d'arracheurs de maïs transgéniques et de saccageurs de bornes biométriques. L'idéologie transhumaniste – surtout sa frange la plus radicale, l'extropisme – puise ses racines dans l'anarcho-capitalisme et la droite la plus libérale, rappelle le journaliste Rémi Sussan, une approche individualiste qui ne se préoccupe guère du reste de la société. Car, plus encore que la transformation de l'homme, ce sont les dominations et logiques inégalitaires qu'elle porte qui dérangent : la perspective d'une humanité à deux vitesses, avec d'un côté les post-humains améliorés, sort réservé à une élite fortunée, et de l'autre, les milliards de « barbares », demeurés à l'état naturel.

17

Faut-il avoir peur de l'IA ?

À chaque nouvelle performance d'un réseau de neurones, on sent comme une perte de confiance de la part de l'humanité. Comme s'il existait une compétition d'intelligence dans laquelle le lièvre humain serait en train de se faire implacablement rattraper par la tortue machine. La prise de conscience remonte à mars 2016 quand AlphaGo, le programme de Google DeepMind, a battu le champion coréen de go Lee Sedol. Mais ce n'était qu'un début.

En quelques mois, les avancées se sont multipliées. Une version améliorée d'AlphaGo a pris incognito la tête du classement mondial sur les programmes de go en ligne qui rassemblent tous les plus grands joueurs. Un autre programme a balayé sans état d'âme, si l'on ose dire, de grands joueurs de poker. Et les performances en reconnaissance d'images et en traduction ne cessent de repousser les limites connues jusqu'ici. D'où la grande question : à ce rythme, quelle est notre date de péremption ?

Croyances

Ce n'est plus un débat réservé aux fictions d'anticipation. De grands noms ont déjà fait part de leur angoisse millénariste sur une prise de pouvoir prochaine des machines si on n'y prenait garde. Ainsi, l'astrophysicien Stephen Hawking, disparu en mars 2018, s'inquiétait-il régulièrement de l'avènement d'une intelligence « complète » qui surpasserait un être humain limité par la lenteur de l'évolution biologique. Ils sont nombreux (Elon Musk, Bill Gates, etc.) à discourir sur un péril à venir si l'on ne fait pas tout aujourd'hui pour s'assurer la gentillesse (préprogrammée) des intelligences artificielles.

Mais d'autres sont plus optimistes. Infiniment plus, même. Il s'agit des apôtres de la « singularité », dont le gourou Ray Kurzweil, un génie de la technologie à l'origine de nombreuses inventions, est actuellement salarié par Google. Il prédit l'avènement d'une superintelligence pour 2045 environ (on n'est pas à deux ou trois années près). De cette singularité technologique découlera, d'après lui, la résolution de tous les problèmes de l'humanité. À commencer par rien de moins que la mort.

Ceux qui pensent à une catastrophe prochaine et les optimistes enthousiastes ont un point commun important : ils sont généralement brillants et reconnus dans leur domaine. Difficile alors de s'établir en contradicteur. C'est pourtant ce qu'a choisi de faire Jean-Gabriel Ganascia, chercheur en intelligence artificielle au laboratoire informatique de Paris-VI, dans son livre *Le Mythe de la singularité* (paru en 2017 aux éditions du Seuil) (voir également son interview p. 187). « Ce n'est pas le beau rôle, admet-il. Ça fait moins rêver. Mais au niveau éthique, c'est notre devoir en tant que scientifiques de reposer clairement les bases du problème et de montrer que cette croyance n'est pas anodine. »

Enfumage

Le constat de Ganascia est sans appel : ceux qui prédisent l'avènement d'une superintelligence informatique à court ou moyen terme sont, au mieux, aveuglés par leurs croyances, au pire, des manipulateurs dangereux. Scientifiquement, d'abord, toutes ces théories sont fondées principalement sur la loi de Moore. Celle-ci, édictée au milieu des années 1960 par le cofondateur d'Intel, Gordon E. Moore, établit que la puissance des processeurs suit une évolution exponentielle à travers le temps. On considère souvent qu'elle a tendance à doubler tous les dix-huit mois. « Mais obligatoirement, à un moment donné, ça va s'arrêter, explique Jean-Gabriel Ganascia. Le problème, c'est que les gens comme Ray Kurzweil disent que la loi de Moore ne s'arrêtera jamais car, pour eux, c'est l'ensemble de l'évolution qui obéit à une loi exponentielle. C'est-à-dire qu'ils généralisent la loi de Moore. Si on leur rétorque que la technologie du silicium va arriver en bout de course, ils vont répondre qu'il y aura forcément quelque chose derrière car c'est une loi fondamentale de la nature. Ce qui est un peu curieux. » Et l'exponentiel permet toutes les prospectives, même les plus farfelues. Quand on multiplie la puissance actuelle par un million, ce qui arrivera en 2045 selon la loi de Moore, qui peut dire ce qui sera possible ou non ?

Ganascia ne s'y risque d'ailleurs pas : « Je ne dis pas que c'est impossible. Ce que je réfute, c'est le discours qui établit que c'est comme ça que ça va se passer et que ça ne peut pas se passer autrement. D'une part, il n'y a pas de scénario déterministe, et d'autre part, il n'y a pas de fatalité. On peut toujours influer sur le développement des technologies. » Selon lui, derrière le mythe de la singularité, on retrouve une grande entreprise d'enfumage. Établir qu'un futur inexorable se dessine aujourd'hui, c'est simplement une variante du Tina (« *there is no alternative* », « il n'y a pas d'alternative »), bien connu des économistes. « Comme si la technologie se déployait de façon autonome, comme si elle prenait le relais de l'humanité, tempête le chercheur. Les grands acteurs de la technologie ont tout intérêt à nous raconter cette fable, parce que ça les dédouane de tout ce qu'ils font. Ils ne sont pas responsables, c'est la technologie ! » Et d'établir, en forme d'avertissement : « La logique de la singularité n'est pas celle du progrès. »

Parole aux experts

Enki Bilal

« On est entré dans un monde de science-fiction »

Paris, 13 décembre 2041, dans un appartement sur les bords de Seine, un cri d'ado : « Maman, j'arrive pas à me connecter... » Ainsi débute Bug, *la dernière bande dessinée d'Enki Bilal parue en 2017 aux éditions Casterman. Un superbe album graphique et sombre, reprenant les thèmes chers à l'auteur : univers hyperréaliste, technologie omniprésente, chaos généralisé, amour et violence... Rencontre avec le peintre pour discuter de ce futur qui ne cesse de nous rattraper.*

Le point de départ de *Bug* est la disparition soudaine d'Internet. Comment vous est venue l'idée ?

Je pourrais vous dire : « Après un énième énervement avec mon iPhone... » Non, en fait, c'est arrivé de façon assez logique. Depuis longtemps, j'ai l'impression de suivre et devancer le monde ; c'est un peu mon moteur : regarder ce qu'il y a juste devant moi. C'est ainsi qu'avec Pierre Christin on a évoqué dans plusieurs albums les problèmes politiques et géopolitiques du XXe siècle. J'ai également fait, seul, *Le Sommeil du monstre*, qui anticipait la

folie obscurantiste religieuse. Une folie que j'avais senti venir en Yougoslavie dans les années 1990. On a mis du temps à s'en rendre compte et j'avais d'ailleurs été choqué à l'époque par les analyses des médias et des intellectuels qui ne prenaient en compte que le nationalisme, la dictature communiste ou les règlements de comptes, alors que la dimension religieuse n'était jamais vraiment évoquée. Pour moi, il était pourtant évident que c'était une sorte de laboratoire de ce qu'allait devenir le début du XXIe siècle.
Ensuite, au début des années 2000, je me suis mis sur le thème de la Terre fragilisée et j'ai fait trois bouquins (la trilogie *Coup de sang*) qui sont des fables, avec un graphisme différent. Une série qui a déstabilisé le lecteur mais qui, pour moi, était importante car elle signifiait que la planète se révoltait et décidait de remettre l'humain à l'épreuve.
Enfin, lorsque je suis sorti de ce cycle, je me suis demandé ce que j'allais maintenant pouvoir raconter. Et, tout naturellement, je suis arrivé sur ces thèmes de transhumanisme, d'intelligence artificielle, mais aussi et surtout de dépendance à la technologie que je sentais venir moi-même…

Vous êtes accro ?

Comme j'ai plus de 60 ans, je fais partie de ceux qu'on peut peut-être encore sauver [*rires*], même si je ne suis pas sûr que ce soit une bonne chose…

Le déficit de transmission a eu lieu entre les générations et je me dis : « C'est ça mon sujet. » Avec, en plus, cette idée que tout disparaît d'un coup. Ce qui parle à tout le monde. Qui ne s'est pas dit un jour : « Qu'est-ce que je ferais, là, maintenant, si mon portable me lâchait… » J'ai aussi voulu qu'il n'y ait pas d'explication technologique, comme un vrai bug ou un problème de connexion. Il fallait que la cause soit totalement extérieure pour que je puisse m'affranchir de tout ce réalisme qui pouvait à la longue devenir un piège.

Et l'explication ?

Elle n'apparaîtra que dans le prochain tome. Ou le suivant…

C'est frustrant !

Oui ! Mais en ces périodes de séries télé américaines très bien faites, on est habitué à attendre une saison ce qui va arriver aux personnages… Bref, une fois trouvée l'idée qui me libère, je peux développer la thématique d'un monde sans Internet. Et c'est sans fin… Si on essaye d'imaginer les conséquences de la disparition du numérique, c'est vertigineux. Avions qui tombent, pacemakers qui lâchent, ascenseurs bloqués… Comment se nourrir ? Que devient l'argent ? La difficulté est de se demander : « Est-ce que je traite absolument tout ? » C'est pour cela que j'ai fait ces pages sur les grandes villes où j'énumère tout ce qui arrive.

Au lecteur de compléter ce que j'ai omis... Ensuite, je me recentre sur mes personnages.

Comme dans nombre de vos albums, il s'agit d'un futur proche, presque familier...

Oui, j'ai lu énormément de SF avec des récits qui vous propulsent dans des mondes parallèles dans des siècles et des siècles. Moi, j'ai une vision de l'humain qui intègre une part du passé qu'il ne faut pas éliminer ; le présent qui est là, dirais-je, pour exciter l'imaginaire ; et puis le futur. Mais un futur qui est en effet relativement proche ; ce qui fait que l'on est dans une zone où l'on peut poser des questions, lancer des pistes, inventer des aberrations même, mais des aberrations que l'on peut contrôler. Même si l'explication finale dépassera tout ce qui est humain...

La SF, et plus particulièrement votre SF, a-t-elle été rattrapée par la réalité ?

Cela fait des années et des années que je le répète... Depuis les années 1980. Je me souviens d'une critique qui m'avait énervé avec un article du genre « Bilal fait encore de la science-fiction avec des thèmes connus ». Il s'agissait du *Sommeil du monstre*, où j'évoquais un monde à venir qui me faisait peur à cause de la montée de l'obscurantisme religieux. Ce n'était pas de la science-fiction ! Mais bon, il y a dans la culture française cette culture de l'écrit, que je suis le premier à aimer et apprécier ; il y a cette idée que le futur est une zone légèrement méprisée. Car ce qui compte dans la littérature, c'est le réel, le « moi, je » et le passé. Le futur n'est qu'un amalgame d'imaginaire. « Ça ne peut pas exister. Donc ça ne m'intéresse pas... » Pourtant, cela existe et je suis sidéré quand je pense à ce qui se passe aujourd'hui et au potentiel de notre technologie. Depuis très longtemps, j'ai conscience qu'on est entré dans un monde de science-fiction, même si le terme est impropre : la science est là, plus la fiction...

Et cela pourrait continuer. On nous promet la fin de la maladie, une intelligence décuplée, presque l'immortalité...

C'est beaucoup de communication. Et autant de désaccords ! Elon Musk, Mark Zuckerberg... Ils parlent dans tous les sens et communiquent comme ils respirent. Cela dit, je pense que c'est en route. Il y a des travaux très sérieux réalisés par des gens illuminés qui peuvent aboutir. Cela va aller très vite avec tous ces chercheurs de 20, 25 ans dans la Silicon Valley. Et je ne parle pas de ce qui se fait en Chine, en Inde, au Brésil ; car on ne sait pas ce qui s'y passe...

Cela vous effraye ?

Les nanotechnologies, le corps augmenté... Cela fascine et fait forcément peur. Nous sommes dans un monde en accélération mais également en pleine régression. On vit la fin d'un monde et l'ouverture d'un nouveau. Schématiquement, cela s'est fait en trois temps. La fin de notre monde, pour moi, fut actée en 1989 avec la chute du Mur. Puis, dix ans de réorganisation et de mise à plat pendant lesquels le capitalisme triomphant s'est métamorphosé de manière sournoise en « globalisation » et « mondialisation », qui sont des termes très généreux – on s'aime tous, on va tous avoir des droits... Sauf qu'on se rend bien compte que tout le monde n'y a pas les mêmes droits, loin s'en faut... Puis est arrivé le XXIe siècle avec le 11 Septembre, comme un symbole. L'Amérique avait créé son nouvel ennemi.

Et demain ?

On voit que se met en place ce nouveau monde, un monde que captent parfaitement les nouvelles générations. Un monde où l'information et les idées fusent et où la technologie sera omniprésente.

La machine est en marche, qui plus est, appuyée par le pouvoir de l'argent... Le philosophe Paul Virilio disait que chaque nouvelle invention invente aussi l'accident qui va avec. Plus on produira de machines extraordinaires, plus on risquera des accidents. Il va falloir faire avec.

Gilles Dowek

« Il n'y a pas de compétition entre l'humain et la machine »

Informaticien, logicien, philosophe, Gilles Dowek est chercheur à l'Inria et professeur à l'École normale supérieure de Paris-Saclay. Il réfute les métaphores sportives et guerrières.

Les progrès en matière d'intelligence artificielle imposent-ils de redéfinir le concept même d'intelligence ?

Oui. Mais il n'y a ici rien d'exceptionnel. Nous répondons rarement à une question philosophique – Les universaux existent-ils ? L'histoire est-elle une science ? – par oui ou par non. Répondre à une telle question consiste avant tout à préciser ce que signifient les mots « exister », « science », etc. Bien souvent, nous prenons conscience que ces mots ont plusieurs significations qui demandent à être démêlées et, selon que nous considérons l'une ou l'autre de ces significations, la réponse à la question est positive ou négative. Aujourd'hui, nous nous posons la question : une machine peut-elle être intelligente ? Cette question nous invite, avant tout, à nous interroger sur la signification que nous voulons donner à l'adjectif « intelligent ». En particulier, nous définissons habituellement d'emblée l'intelligence comme une faculté humaine. Dans ce cas, la réponse est négative par définition. Nous devons donc, pour lui donner un sens, imaginer une autre définition, qui ne soit pas a priori celle de l'intelligence humaine.

Y a-t-il une intelligence naturelle d'un côté et une intelligence artificielle de l'autre ?

Pas du tout, et c'est sur ce point que les discours contemporains, en direction du grand public, sur l'intelligence artificielle, et sur l'informatique en général, me semblent se tromper le plus grossièrement. Les humains et les machines y sont présentés comme les protagonistes d'un match de boxe, dont l'un doit sortir vainqueur et l'autre KO. Mais la compétition sportive n'est pas le bon cadre pour penser la technique. Il n'y a pas plus de compétition entre l'homme et la machine qu'entre la trompettiste et la trompette, le maçon et la truelle, le scribe et le calame. Pour penser ces relations, nous devons d'abord nous départir de nos métaphores sportives et guerrières.

Les frontières entre l'intelligence naturelle et l'intelligence artificielle sont-elles devenues poreuses ?

Ces frontières sont poreuses depuis l'invention de l'écriture. Nous n'avons cessé de prendre conscience des limites de notre intelligence : nous ne sommes pas capables d'apprendre une liste de cent mots et de la répéter cinq minutes plus tard, nous ne sommes pas capables d'effectuer une multiplication de deux nombres de douze chiffres sans nous tromper, nous ne sommes pas capables, quand nous sommes en train de faire quelque chose, de nous interrompre pour faire autre chose, puis de revenir à notre activité initiale… D'où la nécessité d'ajouter des prothèses à notre intelligence défaillante : des bibliothèques, des machines à calculer, des ordinateurs, des algorithmes…

La recherche scientifique, telle qu'elle est pratiquée aujourd'hui, est un bon exemple de cette porosité. Le Cern (Conseil européen pour la recherche nucléaire), par exemple, produit chaque année mille fois plus de données que ce que nous avons accumulé à la Bibliothèque nationale depuis qu'elle existe – la Bibliothèque nationale possède quelques millions de volumes, le Cern en produit, chaque année, quelques milliards. Aucune intelligence humaine ne va bien entendu lire ces données à l'œil nu. D'un autre côté, les algorithmes du Cern ne pourraient découvrir seuls de nouvelles particules. C'est une symbiose de deux formes d'intelligence qui permet le progrès des connaissances. Mais la frontière entre ce que, au Cern, font les humains et les machines ne cesse de se déplacer.

Qu'est-ce qui caractérise ce nouvel âge de l'intelligence cybernétique dans lequel nous vivons ?

La transformation d'un certain nombre de concepts qui structuraient nos sociétés : celui de travail, de propriété, de vie, de distance, de vie privée... En cela, la technique est révolutionnaire. Mais, à y regarder de plus près, ces concepts sont relativement récents, et ils n'ont jamais cessé d'évoluer. Notre perception de leur stabilité n'était peut-être qu'une illusion.

L'homme est-il en train de s'effacer au bénéfice des machines ?

Il me semble difficile de dire d'une espèce proliférante, telle l'espèce humaine, qu'elle est en train de s'effacer. L'homme va bien, merci pour lui, même si les prophètes de l'Apocalypse sont à nouveau à la mode. En revanche, ce qui s'efface est notre croyance en l'existence d'un « propre de l'homme » : des facultés que rien – animal ou machine – ne puisse partager avec nous. Et l'effacement de cette croyance nous transforme profondément : depuis cinq siècles, notre morale est fondée – pour le meilleur et pour le pire – sur ce postulat humaniste d'une singularité de l'espèce humaine. Nous devons désormais inventer une autre morale qui s'en affranchit. Une première étape est sans doute de faire l'inventaire de toutes les actions que l'humanisme justifie et qui nous semblent aujourd'hui bonnes ou mauvaises.

Une brève histoire de l'IA

Dans l'Antiquité

Dans la mythologie grecque, géants de bronze, servantes d'or et autres objets animés côtoient couramment les mortels et les divinités. La plupart sont les œuvres du dieu du feu Héphaïstos qui forgea, entre autres, Talos, créature chargée de faire le tour de la Crète trois fois par jour pour repousser les intrus.

Au XVIIIe siècle

Évidemment pas d'IA, mais nombre d'automates, plus ou moins élaborés, dont un joueur de flûte, un « canard digérateur », capable de restituer ce qu'il mange et de nager de façon très réaliste, un « Turc mécanique », ingénieux canular censé jouer aux échecs…

1914

Leonardo Torres Quevedo invente le premier véritable automate joueur d'échecs. Il est capable de finir une partie lors d'une confrontation roi et tour contre roi. Et de l'emporter à tous les coups. Leonardo Torres Quevedo sera le premier à utiliser des relais électromécaniques dans une machine à calculer.

1950

Être ou ne pas être… Le mathématicien et cryptologue britannique Alan Turing, père de l'informatique moderne, rédige un article dans lequel il propose un test déterminant si une machine possède ou non une conscience.

1956

Le mathématicien John McCarthy organise au Dartmouth College, aux États-Unis, un séminaire au cours duquel est inventé le terme d'« intelligence artificielle ». Un nouveau champ d'étude scientifique est né.

1968

Sortie de *2001, l'Odyssée de l'espace*. En plein vide sidéral, Stanley Kubrick met en scène le duel de l'homme et d'une intelligence artificielle en rébellion, HAL 9000. Une confrontation avec le premier ordinateur conscient de lui-même de l'histoire du cinéma. D'autant plus glaçante que la machine a une voix humaine.

1984

Ernst Dickmanns, de l'université de la Bundeswehr à Munich, et Mercedes-Benz testent une camionnette automatique équipée de caméras. Le véhicule atteint 100 km/h sur un réseau routier sans trafic. La voiture sans conducteur est aujourd'hui presque opérationnelle.

Début des années 1990

Apparition du Web, un ensemble de pages mêlant textes, liens et images sur le réseau Internet. Des centaines de milliards de données (les datas) vont désormais pouvoir circuler et s'échanger sans entrave.

1996

Naissance du premier Tamagotchi, gadget japonais qui permet de nourrir et soigner un animal virtuel.

Déploiement mondial dans des distributeurs bancaires (en France, c'est le Crédit mutuel de Bretagne) d'un logiciel de lecture de chèques basé sur un réseau de neurones convolutif inventé par le Français Yann LeCun. La technologie sera un peu oubliée jusqu'à sa réapparition fracassante en 2012. Yann LeCun est aujourd'hui à la tête de FAIR, le laboratoire d'intelligence artificielle de Facebook.

1997

Deep Blue, le supercalculateur d'IBM, bat aux échecs le champion du monde Garry Kasparov.

2007

Apple commercialise l'iPhone, téléphone ordinateur doté d'un écran tactile. Le début du règne des tablettes et des smartphones.

2011

Les applications utilisant le langage naturel pour communiquer et conseiller les utilisateurs se multiplient.

2012

Pour la première fois, un réseau de neurones profond gagne le challenge ImageNet, un concours de reconnaissance d'images. Avec un taux d'erreurs de 16,4 %, il distance très largement le second programme (26,2 %). Cette victoire, qui remet la technologie sur le devant de la scène, est adoptée massivement par tous les acteurs de l'intelligence artificielle.

2013

Tous les participants du challenge ImageNet utilisent des réseaux de neurones profonds.

2014

L'astrophysicien Stephen Hawking affirme dans une interview à la BBC que « le développement d'une intelligence artificielle complète pourrait provoquer la fin de l'humanité ». Ils sont plusieurs depuis (Elon Musk, Bill Gates, etc.) à entretenir une psychose apocalyptique autour de l'avènement d'une machine toute-puissante.

2015

Google publie la première version de TensorFlow, son logiciel d'apprentissage machine en *deep learning*. Disponible en logiciel libre, il est utilisé massivement à travers le monde à des fins industrielles et de recherche.

2016

AlphaGo bat un maître coréen. Vingt ans après les joueurs d'échecs, les champions de go puis de poker s'inclinent à leur tour devant des programmes d'intelligence artificielle.

2199

Les machines règnent en maîtres sur l'espèce humaine, même s'il reste quelques bugs dans la matrice… « Les humains sont une maladie contagieuse. Vous êtes la peste, nous sommes l'antidote » (agent cybernétique Smith dans *Matrix*).

Table des contributeurs

Christophe Alix : chapitre 4, entretien avec Cédric Villani.
Franck Bouaziz : chapitre 5.
Patrick Cappelli : chapitre 6.
Erwan Cario : chapitres 1, 2, 8, 13 et 17, entretiens avec Yann LeCun et Cédric Villani.
Fabrice Drouzy : entretiens avec Cédric Villani et Enki Bilal.
Éric Favereau : chapitre 3.
Jean-Christophe Féraud : chapitre 8.
Camille Gévaudan : chapitre 13.
Quentin Girard : chapitre 10.
Christelle Granja : chapitre 12.
Amaelle Guiton : chapitres 7 et 11, entretien avec Isabelle Falque-Pierrotin.
Marie Lechner : chapitre 16.
Jérôme Lefilliâtre : chapitre 6.
Robert Maggiori : préface.
Frédérique Roussel : chapitres 15 et 16.
Bernadette Sauvaget : chapitre 14.
Guillaume Tion : chapitre 9.
Mathieu Vidard : entretiens avec Laurence Devillers, Thierry Berthier, Jean-Gabriel Ganascia, Jean-Paul Delahaye et Gilles Dowek.

Table des matières

I
Qu'est-ce que l'IA ?

II
Ce que l'IA change à nos vies

III
Ailleurs et demain

IV
MYTHOLOGIES

Cet ouvrage a été
mis en pages par

<pixellence>

Imprimé en France par Maury Imprimeur en septembre 2021
N° d'édition : L.01EHQN001034. A004
Dépôt légal : octobre 2018
N° d'impression : 257284